KB200111

왜 기도하는가?

왜 기도하는가?
**WHY PRAY**

지은이 | 조정민
초판 발행 | 2017. 9. 25
24쇄 발행 | 2025. 1. 7
등록번호 | 제1988-000080호
등록된 곳 | 서울특별시 용산구 서빙고로65길 38
발행처 | 사단법인 두란노서원
영업부 | 2078-3333    FAX | 080-749-3705
출판부 | 2078-3331

책 값은 뒤표지에 있습니다.
ISBN 978-89-531-2971-9 04230
ISBN 978-89-531-2373-1 04230(set)

독자의 의견을 기다립니다.
tpress@duranno.com    www.duranno.com

두란노서원은 바울 사도가 3차 전도여행 때 에베소에서 성령 받은 제자들을 따로 세워 하나님의 말씀으로 양육하던 장소입니다. 사도행전 19장 8-20절의 정신에 따라 첫째 목회자를 돕는 사역과 평신도를 훈련시키는 사역, 둘째 세계선교(TIM)와 문서선교(단행본잡지) 사역, 셋째 예수문화 및 경배와 찬양 사역, 그리고 가정·상담 사역 등을 감당하고 있습니다. 1980년 12월 22일에 창립된 두란노서원은 주님 오실 때까지 이 사역들을 계속할 것입니다.

# WHY PRAY

왜 기도하는가?

## PRAY

조정민 지음

두란노

# 바른 기도가 무엇인지 알고 싶은 분들께

예수님을 알기 전에도 기도했습니다. 일찍 집을 나서며 새벽별과 달을 올려다보면서 천지신명에게 기도하곤 했습니다. 어머니는 새벽마다 예불을 드리셨습니다. 백팔배는 기본이고, 신심이 발동하면 일천배, 삼천배도 하셨습니다. 그러고도 모자지간에 마음이 상하면 이따금 말문을 닫고 지냈습니다.

어렵사리 그리스도인이 되고 나서야 기도를 배우기 시작했습니다. 강대상에서 올려 드리는 목사들과 장로들의 기도를 들으며 배웠고, 때로는 기도문을 얻어 모범 답안을 외듯 읊조리며 학습했습니다. 그뿐 아니라 날마다 주기도문을 암송하기도 했습니다.

그러던 어느 날, 나 자신에게 물었습니다.

'나의 기도는 달라졌는가? 과연 무엇이 어떻게 달라졌는가?'

주변의 기도하는 그리스도인들을 돌아봤습니다. 고개가 갸웃거려졌습니다. 왜 많은 그리스도인이 기도하지 않는 세상 사람보다 더 이기적인가? 왜 교회는 다른 종교보다 더 많은 비난을 받는가? 대체 우리가 무슨 기도를 어떻게 하기에?

답은 자명합니다. '예수님의 이름으로' 기도하지 않은 탓입니다. 기도 끝에 "예수님의 이름으로 기도합니다"를 빼먹지는 않지만, 과연 그 기도가 예수님의 뜻과 상관있습니까? 대부분 상관없는 기도 아닙니까? 그러므로 오늘날의 사태는 예견된 일이라고 할 수 있습니다.

모든 종교인이 기도합니다. 흉내 낼 수 없을 정도로 무섭게 열심히 기도하는 종교인이 많습니다. 그런데 그들의 기도와 예수님을 따르는 제자들의 기도는 무엇이 다릅니까?

2천 년 전, 제자들은 왜 예수님에게 기도를 가르쳐 달라고 요구했고, 예수님은 그런 제자들에게 왜 그토록 짧은 기도를 가르치셨을까요? 그리고 주님이 가르쳐 주신 기도를 내내 드렸을 제자들이 왜 골고다 언덕까지 주님을 따라가지 못했을까요?

다시 한 번, 답은 자명합니다. 성령의 기도 없이는 진정한 그리스도인이 될 수 없기 때문입니다. 내 기도로는 내가 바뀔 수 없기 때문입니다.

예수님은 끝까지 자신을 꺾는 기도를 드리셨지만, 우리는 끝까지 자기 뜻을 이루는 기도를 합니다. 자기 생각, 자기 뜻, 자기 계획에 따라 드리는 기도는 불통의 기도입니다. 그 결과는 끔찍합니다. 기도할수록 교만해지고, 교활해지고, 더 악해집니다. 기도할수록 이웃과 멀어지고, 예수님과 멀어지는 괴이한 일이 벌어집니다. 그러니 자기 기도를 드린 후에 '예수님의 이름'을 사인처럼 붙인들 수취인 불명으로 되돌아오지 않겠습니까? 이처럼 기도는 성자와 괴물을 동시에 만들 수 있습니다.

기도하지 않는 교회가 없고, 기도하지 않는 성도가 없습니다. 그러나 하나님이 원하시고, 예수님이 가르치시고, 성령님이 인도하시는 기도가 아니라면, "주여, 주여" 아무리 소리 높여 부르짖은들 주님이 귀 기울이시겠습니까? 도무지 듣지 않으시고, 도무지 너희를 모른다고 하실 것입니다.

우리는 '왜 기도하는가?'를 물어야 합니다. 기도를 처음부터 다시 배워야 합니다. 아이가 부모에게서 말을 배워 대화를 시작하듯, 우리는 하나님의 언어를 새롭게 배워야 합니다. 그래야만 소통의 기도를 드릴 수 있습니다. 어린아이처럼 믿음으로 기도를 시작하는 것은 아름다운 일입니다. 그러나 나이가 들어서도 아이 때 생각과 버릇을 버리지 못하면, 기도는 놀이로 전락하고 맙니다. '왜 기도하는가'에 정직하게 답한다면, '어떻게 기도할 것인가'에 대한 답도 분명히 찾을 수 있습니다.

그리 길지 않은 목회를 되돌아보니 부족한 한 가지가 보였습니다. 바로 바른 기도입니다. 그래서 이 책은 결국 내가 곁에 두고 읽고 또 읽어야 할 책이 될 것입니다.

'왜 기도하는가?'를 주제로 드렸던 〈세 이레 기도회〉의 설교를 다듬어 준 두란노 가족에게 더할 수 없는 감사를 전합니다. 기도가 부족한 종이 곁길로 접어들지 않고 깨어 있기를 기도하는 믿음의 형제자매들에게도 뜨거운 감사를 전합니다.

2017년 9월
조정민

# 왜 기도하는가?

다른 종교인들도 기도하는데,

과연 내 기도는 그들과 무엇이 다른가?

나는 정말 하나님이 원하시는 기도를 하고 있는 걸까?

나는 무엇을 기도해야 할까?


바른 기도를 추구하는 당신을 이 기도여행에 초대합니다.

# contents ||||||||||||

# 1
chapter

## 기도의 대상

# 누구에게 기도하는가

우리 교회 초창기에 성경 통독 모임에서는 성경만 읽고, 서로 기도 제목을 나누지 말자고 한 적이 있습니다. 성도들에게 기도는 하나님께 각자 조용히 드려 달라고 부탁했습니다. 어떻게 공동체 모임을 기도로 시작하지 않느냐고 의아해하거나 불편해하는 사람들이 있었고, 결국 마음에 시험거리가 되어 교회를 떠난 사람도 있었습니다.

그러나 나는 지금까지 그 결정에 후회가 없습니다. 우리 기도는 그렇게 중요하지 않습니다. 우리 기도보다 더 중요한 일, 더 급한 일, 더 우선하는 일이 있기 때문입니다. 또 이곳저곳에 기도를 부탁해도, 정작 기도는 하지 않고 뒷말만 하는 일이 자주 있기 때문입니다.

우리 기도보다 더 중요한 것이 무엇입니까? 하나님의 말씀입니다. 왜 그렇습니까? 기도란 말씀에 대한 인간의 반응이기 때문입니다.

## 누구에게 기도하는가

사람들이 예수님께 귀먹고 말 더듬는 자를 데려와 안수해 달라고 했습니다. 그러자 예수님이 그를 따로 데려가서 두 귀에 손가락을 넣어 열어 주시고, 침을 뱉어 그의 혀에 손을 대어 말하게 하셨습니다. "에바다" 하고 열어 주신 것입니다(막 7:32-34). 혀를 풀어주는 것보다 귀를 먼저 열어 주신 것은 듣는 것이 말하는 것에 앞서기 때문 아니겠습니까?

말하기를 어떻게 배웁니까? 들음으로써 배웁니다. 수없이 듣고, 들은 말에 대한 반응으로 말을 시작합니다. 마찬가지로 기도를 배우려면 먼저 들어야 합니다.

기도의 대상이 사람이라면 사람만 알면 됩니다. 그러나 그 대상이 하나님이시라면 하나님을 알아야 하지 않겠습니까? 기도하기 전에 먼저 하나님을 알고, 하나님이 하시는 말씀을 들어야 합니다. 우리가 성경을 붙들고 씨름하는 이유가 이것입니다.

물론, 성경 말씀을 모르고도 기도할 수 있습니다. 대부분의 종교인들이 기도합니다. 어쩌면 기독교인보다 다른 종교 신자들이 더 많이 기도할지도 모릅니다. 무슬림은 하루에 다섯 번씩 메카를 향해 엎드려 기도하고, 불교도 가운데는 수행과 기도에 무섭게 정진하는 불자들이 많지 않습니까?

그러나 우리가 기도하는 까닭은 하나님이 먼저 우리를 찾아오셨고, 하나님이 먼저 말을 걸어 주셨으므로 그 말씀에 반응하기 위함입니다. 하나님 아버지를 닮고, 그분의 나라를 좇으며, 그분이 계신 곳에 이르고자 기도하는 것이 아니겠습니까?

기도는 누구나 합니다. 하지만 기도가 하나님의 말씀에서 시작되지 않는다면, 우리 기도와 이방인의 기도가 다를 게 무엇입니까? 우리 삶과 이방인의 삶이 뭐가 다릅니까?

미국의 한 조사에 따르면, 무신론자의 30%가 이따금 기도하고, 그중에 17%는 정기적으로 기도한다고 합니다. 신을 믿지도 않는 사람들이 왜 기도합니까? 대체 누구한테 기도합니까? 무엇 때문에 기도합니까? 이상하지 않습니까?

사도 바울이 아테네에 갔더니 '알지 못하는 신'에게 제사 지내는 단이 있었습니다. 바울은 답답한 마음에 그들에게 누구한테 기도와 예배를 드려야 하는지 가르쳐 주었습니다.

> 22 바울이 아레오바고 가운데 서서 말하되 아덴 사람들아 너희를 보니 범사에 종교심이 많도다 23 내가 두루 다니며 너희가 위하는 것들을 보다가 알지 못하는 신에게라고 새긴 단도 보았으니 그런즉 너희가 알지 못하고 위하는 그것을 내가 너희에게 알게 하리라 24 우주와 그 가운데 있는 만물을 지으신 하나님께서는 천지의 주재시니 손으로 지은 전에 계시지 아니하시고 25 또 무엇이 부족한 것처럼 사람의 손으로 섬김을 받으시는 것이 아니니 이는 만민에게 생명과 호흡과 만물을 친히 주시는 이심이라 행 17:22~25

바울은 "도대체 누구한테 기도하는 것이냐? 너희가 기도해야 할 대상을 가르쳐 주겠다. 바로 만물을 지으신 하나님이시다"라고 말했습니다. 하나님은 사람의 손으로 지은 전에 계시는 분이 아니니 단을 짓고서 '거기 하나님이 계시다'라고 믿지 말라는 것입니다.

기도도 중요하고, 예배도 중요합니다. 하지만 그 대상을 아는 것이 더 중요합니다. 기도의 대상이 누군지도 모른 채 기도하는 것은 수취인 없는 편지를 보내는 것이나 다름없습니다.

바울이 그들에게 만물을 지으신 창조주 하나님을 소개합니다.

"그분은 모든 사람에게 생명과 호흡을 주시는 분이요 사람에게 필요한 모든 것을 공급해 주시는 분이다."

우리가 하나님을 섬긴다고 하지만, 하나님은 부족함이 없으신 창조주이십니다. 그분은 사람의 손으로 섬김을 받는 분이 아니십니다. 그러니 하나님을 섬긴다고 생색내지 마십시오. 사실 하나님이 우리를 돌봐 주시지 우리가 하나님을 섬기는 것은 하나도 없습니다. 우리 손으로 지은 전에 계시지 않고, 우리 손으로 섬김을 받지도 않으시는 그분은 우리 하나님 아버지이십니다.


## 기도의 첫자리로
## 돌아가자

예수님이 왜 이 땅에 오셨습니까? 하나님을 보여 주려고 말씀이 육신이 되어 오셨습니다. 말씀의 능력이 어떠한지를 보여 주러 친히 오셨습니다. 또한 누구한테 어떻게 기도해야 하는지를 가르쳐 주는 것도 예수님이 오신 목적 중의 하나입니다.

산상수훈으로 일컫는 마태복음 5~7장에서 예수님은 기도에 관해 가르쳐 주셨습니다. 대표적인 종교 행위인 구제와 기도와 금식에 관해 말씀하시면서, 설교 한가운데에 기도를 두셨습니다. 의도적으로 우리 신앙 생활의 중심에 기도를 놓으신 것입니다.

문제는 '왜 기도하느냐', '어떻게 기도해야 하느냐'입니다. 우리가 날마다 부르짖어 기도하는데 세상은 왜 이 모양인가 하는 소리가 나올 정도라면, 우리는 도대체 어떤 세상을 추구하며, 그리스도인의 삶은 세상에 어떤 영향을 끼치고 있는 것입니까? 국회의원 3분의 1 이상이 그리스도인이고, 직장에서건 어디서건 기도하는 수많은 그리스도인이 있는데, 어떻게 세상이 이 모양일 수 있습니까? 주여, 주여, 부르짖으며 목청껏 기도해도 자신이 달라지지 않고, 나라도 달라지지 않는다면 그리스도인은 무엇을 위해 부름 받은 존재란 말입니까?

그래서 기도의 첫자리, 즉 모든 기도의 출발이 되는 바로 거기서부터 새로 시작해야 합니다. 우리 교회에서 지난 몇 년간 기도에 앞서 말씀만 읽은 이유가 그것입니다. 사실, 말씀을 읽는 것보다 더 좋은 기도는 없습니다. 기도할 때 시편을 자주 읽는 이유가 무엇이겠습니까? 기도를 배우기 위해서입니다.

예수님은 우리에게 주기도문을 가르쳐 주셨습니다. 가르치신 이유가 무엇인지 그 배경을 압니까?

> 또 너희는 기도할 때에 외식하는 자와 같이 하지 말라 그들은 사람에게 보이려고 회당과 큰 거리 어귀에 서서 기도하기를 좋아하느니라 내가 진실로 너희에게 이르노니 그들은 자기 상을 이미 받았느니라 마 6:5

예수님은 "외식하는 자와 같이", 즉 위선자처럼 기도하지 말라고 말씀하십니다. 위선자들은 사람들에게 보이려고 기도합니다. 그들이 기도하면서 의식하는 대상은 하나님보다 언제나 사람입니다. 그래서 그들의 기도는 외식(外飾)입니다.

외식이 무엇입니까? 위선(僞善) 아닙니까? 위선자란 속의 동기와 겉모습이 다른 사람입니다. 속으로는 이 마음을 품고 있는데, 겉으로는 다른 행동과 태도를 보이는 것입니다. 하나님께 향하는 듯 기도라는 형식을 보여 주지만, 속은 사람을 향하고 있습니다.

우리 교회는 대표기도 할 때 성도들과 마주 보며 기도하지 않습니다. 그냥 제자리에서 앞을 바라보고 기도합니다. 하나님께만 기도드리자는 뜻입니다. 물론, 사람들을 바라보면서도 그들을 의식하지 않고 하나님 한 분만을 바라보며 기도할 수 있습니다. 그러나 쉽지 않은 일이라는 것을 누구나 잘 알 것입니다.

당장 눈앞에 보이는 사람한테는 위선적일 수 있습니다. 또 그래야만 할 때도 있습니다. 싫어도 싫은 내색을 다 할 수 있습니까?

상대방의 의견에 동의하지 않아도 사사건건 반대할 수 있습니까? 쉽지 않습니다. 우리는 생각한 대로 말하지 못하고, 생각한 대로 행동하지 못합니다. 생각과 행동이 불일치합니다. 그게 바로 위선입니다.

문제는 보이지 않는 하나님께도 위선적인 태도로 기도한다는 것입니다. 속으로는 이런 생각을 하면서도 겉으로는 저런 기도를 드릴 때가 있습니다. 심지어 하나님을 향한 온전하고 순전한 동기에서 기도하는 게 아니라 사람들에게 보이려고 기도할 때도 있습니다. 하나님이 아닌 사람을 향해 기도하는 것입니다. 심지어 부지불식간에 하나님이 아니라 사람을 향해 기도하는 자기 스스로를 발견하기도 합니다.

사람을 향해 기도하는 사람들은 어떤 특징이 있습니까? 그들은 "회당과 큰 거리 어귀에 서서" 기도하기를 좋아합니다. 일부러 사람들이 모이는 곳을 택합니다. 사람들이 많이 왕래하고, 시선이 집중되는 곳에서 기도합니다. 왜요? '기도 많이 하는 사람', '기도 잘하는 사람'이란 소리를 듣고 싶기 때문입니다.

예수님이 "기도는 하나님께 올려 드리는 것이지 사람들에게 보이려고 하는 것이 아니지 않느냐, 사람들이 네가 기도하는 것을 보고, 알아주었으니 이미 너는 상을 다 받은 것이다"라고 말씀하십니다.

그리고 하나님이 우리에게 어떤 분이시며, 그분을 어떻게 만나야 하는지를 가르쳐 주십니다.

너는 기도할 때에 네 골방에 들어가 문을 닫고 은밀한 중에 계신 네 아버지께 기도하라 은밀한 중에 보시는 네 아버지께서 갚으시리라 <sup>마 6:6</sup>

우리의 기도를 받으시는 하나님은 누구십니까? 우리 아버지이십니다. 예수님은 "네 아버지께 기도하라"고 말씀하십니다. 하나님은 다른 누군가가 아닌 '내 아버지'라는 사실을 압니까? 정말로 압니까? 안다면, 내 아버지께 어떤 태도로 나아가겠습니까?

예수님은 대낮에 동네 어귀에서 기도하는 사람들과는 완전히 다르게 골방에 들어가서 기도하라고 말씀하십니다. 골방은 내실, 밀실입니다. 어느 누구도 들어오지 않는 곳입니다.

왜 골방에서 하나님을 만나야 합니까? 하나님 아버지께서 자녀와의 대화를 원하시기 때문입니다. 아버지가 원하시는 것은 자녀이지 자녀의 돈이나 업적이 아닙니다. 하나님은 자녀라는 존재 자체를 원하십니다. 자녀들과의 친밀한 관계를 원하시는 것입니다.

그래서 골방에 들어가서 기도하라고 말씀하십니다. 하나님이 아버지시고, 아버지와 친밀하다면 그분과 둘이 할 이야기가 있지 않겠습니까? 옆에 사람이 있건, 앞에 나가 대표로 회중 기도를 하건, 모든 기도는 하나님만을 향해야 합니다. 그러기 위해서는 기도의 자리가 내실이요 밀실인 골방이 되어야 합니다.

# 하나님을 아버지로
# 경험하라

웨스트민스터 신앙고백의 소요리문답 제1조 1항은 "인간의 제일되는 목적은 무엇인가?"를 묻고, "인간의 제일되는 목적은 하나님을 영화롭게 하며, 하나님을 영원히 기뻐하는 것이다"라고 대답합니다.

하나님은 왜 인간을 지으셨습니까? 지으신 목적이 무엇입니까? 사랑의 교제를 나누기 위해서입니다. 아버지는 아들을 기뻐해야 하고, 아들은 아버지를 기뻐해야 하지 않겠습니까?

제임스 패커(James Packer)는 "기도란 의무를 지나서 기쁨에 이르는 길"이라고 했습니다. 처음에는 종교적인 의무감으로 기도를 시작할지 몰라도 그 길을 걷다 보면, 기쁨에 이르게 된다는 것입니다. 그것이 기도의 여정입니다.

왜 그렇습니까? 기도는 대화이기 때문입니다. 주님은 말씀하시는 분이고, 나는 주님이 주신 말씀에 반응하는 존재이기 때문입니다.

우리는 하나님 아버지께 기도로 뭔가를 요구할 수 있습니다. 그래서 기도는 크게 두 가지 유형으로 나뉩니다. 요구형과 교제형입니다. 이중 어느 것이 바람직한가를 얘기하는 것이 아닙니다. 어떤 사람은 하나님과의 교제만을 목적으로 아예 산에 들어가서 기도하기도 합니다.

반면에 하나님과 교제할 줄은 모르고 평생 죽어라고 요구만 하는 사람이 있다면, 하나님이 어떻게 반응하시겠습니까? 아버지라도 자녀가 매일 와서 똑같은 것을 달라고 떼만 쓴다면 어느 날 고개를 돌리시지 않겠습니까? 그래서 예수님은 기도할 때 중언부언하지 말라고 말씀하십니다.

> 또 기도할 때에 이방인과 같이 중언부언하지 말라 그들은 말을 많이 하여야 들으실 줄 생각하느니라 마 6:7

아버지와 아들이 자주 만나서 오래 대화할 수 있습니다. 그런데 만날 때마다 아들이 같은 말만 되풀이할 리 있습니까? '중언부언'으로 번역된 헬라어 단어, '바톨로게오'는 말 더듬는 사람이 같은 말을 반복하는 데서 유래했습니다.

영성 수련의 한 방법으로 주문형 기도가 있습니다. '예수 기도'라고 해서 온종일 "주 예수 그리스도 하나님의 아들이시여, 이 죄인에게 자비를 베풀어 주소서"를 반복하는 기도입니다. 그러나 자칫 잘못하면 그런 기도도 중언부언이 될 수 있습니다. 왜요? 아버지 되시는 주님을 느끼지 못한 채 같은 말만 끝없이 되풀이하기 때문입니다. 다른 종교에 주문형 기도가 얼마나 많은지 모릅니다.

우리 기도도 그럴 수 있습니다. '주기도문'에서 가운데 '기도'가 빠지면 무엇이 됩니까? '주문'이 됩니다. 기도의 본질을 잃어버리면, 주기도문도 주문이 되고 맙니다. 그러니 의미 없이 반복해서 드리는 기도는 조심해야 합니다.

누가복음 15장의 탕자의 비유에서 맏아들과 아버지의 대화를 들어보십시오. 집 나갔던 둘째 아들이 돌아오자 아버지가 살진 송아지를 잡아다가 잔치하니, 그것을 못마땅하게 여긴 맏아들이 잔치 자리에 들어가지 않습니다. 아버지가 나와서 맏아들에게 권하니 아들이 아버지에게 따집니다.

"나를 위해서는 살진 송아지는커녕 염소 새끼 한 마리도 잡아 주지 않으셨잖습니까?"

아버지가 기가 막힌 표정으로 말합니다.

"얘야, 너는 항상 나와 함께 있으니 내 것이 다 네 것 아니냐?"

아버지의 것은 다 아들의 것입니다. 무슨 거래가 필요합니까? 거래를 하려면 흥정을 해야 합니다. 그러나 신뢰한다면 흥정할 필요가 없습니다.

아버지와 아들이 정말로 사랑한다면, 아버지는 아들로 족하고 아들은 아버지로 족할 것입니다. 부모와 자녀의 사랑에 거래가 성립하겠습니까? 불가능합니다.

만약에 아이가 아버지에게 겨울이 오면 추울 테니 담요가 필요하다고, 여름부터 매일같이 찾아와서 "아버지, 담요 사 주실 거죠?" 하고 묻는다면 아버지가 뭐라고 하겠습니까? 아버지는 겨울이 오기 전에 이미 대책을 다 마련해 놨습니다. 겨울뿐 아니라 아이가 살아갈 모든 계절에 관한 계획을 이미 세워 두었습니다. 그게 아버지 아닙니까?

예수님은 하나님을 아버지로 경험하는 것이 기도의 출발임을 말씀하고 계신 것입니다. 아버지와 친밀하면 "아빠"라고 부릅니다. '아버지'와 '아빠'의 어감이 얼마나 다릅니까? "아빠"라고 부르면서 무게 잡을 수 있습니까? 근엄하게 할 수 있습니까? 친밀하게 다가갈 수밖에 없습니다.

중언부언하며 기도하는 이유가 무엇입니까? 우선, 그분의 능력을 신뢰하지 못하기 때문이고, 하나님이 아버지가 아니신 것 같기 때문입니다. 아버지가 도무지 해 줄 것 같지 않기 때문에 같은 요구를 되풀이하는 것입니다. 결국 믿음이 없으니까 중언부언하는 것입니다.

어제 한 기도를 오늘 하고, 오늘 한 기도를 내일도 할 수 있습니다. 하지만 강청 기도와 중언부언하는 기도는 다릅니다. 왜냐하면, 중언부언하는 기도는 이방인들의 기도이기 때문입니다. 그들은 기도를 오래 하고, 유창하게 해야 신이 듣는 줄 압니다. 기도의 전제가 잘못되었습니다. 반면에 강청 기도는 기도를 멈추지 않는 것입니다. 아버지 면전을 떠나지 않는 것입니다. 흔들리지 않는 믿음의 태도입니다.

하나님을 "아빠"로 부를 수 있기를 바랍니다. 아빠한테는 똑같은 것을 계속해서 졸라 댈 필요가 없습니다. 오히려 그것은 하나님 아버지께 대한 예의가 아닙니다. 하나님을 하나님으로 신뢰하지 못하는 것이기 때문입니다. 중언부언은 하나님을 하나님으로 대접해 드리지 않는 대표적인 행동입니다. 하나님이 누구신지도 모르고, 하나님의 능력을 신뢰하지도 못하면서 끝없이 기도해 봐야 그게 무슨 기도이겠습니까? 떼쓰는 것일 뿐입니다.

하나님이 우리 아버지이시므로 그분께 기도하는 것입니다. 그래서 기도는 하나님을 하나님으로, 우리 아버지로 인정하는 행위입니다.

> 그러므로 그들을 본받지 말라 구하기 전에 너희에게 있어야 할 것을 하나님 너희 아버지께서 아시느니라 마 6:8

우리가 중언부언 기도하지 않아도 되는 까닭은 하나님 아버지께서 우리가 구하기도 전에 우리에게 필요한 것을 알고 계시기 때문입니다. 하나님을 아버지로 경험하는 사람은 아버지께 필요한 것을 구하는 데 시간을 쏟기보다는 아버지를 알아가고 아버지와 대화하는 데 기꺼이 시간을 사용합니다.

예수님은 하나님을 아버지보다는 아빠로 즐겨 부르셨습니다. 겟세마네 동산에서 간절히 기도하실 때도 아빠 아버지를 부르셨습니다.

> 이르시되 아빠 아버지여 아버지께는 모든 것이 가능하오니 이 잔을 내게서 옮기시옵소서 그러나 나의 원대로 마시옵고 아버지의 원대로 하옵소서 하시고 막 14:36

아버지의 선하심을 알기에 '내 뜻대로'가 아니라 "아버지의 원대로" 하시도록 자신을 내어 드립니다.

하나님을 아버지로 경험하는 것이 왜 중요합니까? 아버지는 선하신 분이며, 아버지가 주는 것은 무엇이건 자녀에게 최선이라는 것과, 아버지는 궁극적으로 자녀를 보호하신다는 것을 믿기 때문입니다. 자녀가 하나님을 아빠로 부르는데, 그 요청하는 것을 거절하시겠습니까?

> 너희가 악한 자라도 좋은 것으로 자식에게 줄 줄 알거든 하물며 하늘에 계신 너희 아버지께서 구하는 자에게 좋은 것으로 주시지 않겠느냐 마 7:11

설혹 육신의 아버지가 악할지라도 자녀에게는 좋은 것을 주지 않겠습니까? 그래서 예수님은 "하물며 하늘에 계신 아버지는 어떠시겠느냐?"라고 반문하십니다. 하나님 아버지께서 가장 좋은 것으로 주시지 않겠습니까? 그 사실을 믿어야 하지 않겠습니까?

누가는 이 사실을 더욱 확실하게 말합니다.

> 너희가 악할지라도 좋은 것을 자식에게 줄 줄 알거든 하물며 너희 하늘 아버지께서 구하는 자에게 성령을 주시지 않겠느냐 하시니라 눅 11:13

나는 하나님 아버지가 정말로 우리가 원하는 것보다 더 좋은 것을 주시는 분임을 믿습니다. 우리는 눈에 보이는 것들을 구하고, 손에 쥐어지는 작은 것들을 원하지만, 하나님은 우리 눈에 보이지 않고, 우리 손에 들어오지도 않는 어마어마한 것들을 준비하고 계십니다. 그러니 무엇을 걱정하겠습니까?

그분을 아버지라 부를 수 있는 특권을 놓치지 않기를 바랍니다. 그리고 아빠 하나님께 나아갈 때, 마음 가운데 모든 걱정과 근심, 염려와 불안이 떠나가기를 축복합니다.

세상이 돌아가는 형편을 보면 걱정이 돼서 잠이 잘 안 옵니다. 그러나 아버지를 신뢰하고, "너는 내게 부르짖으라 내가 네게 응답하겠고 네가 알지 못하는 크고 비밀한 일을 네게 보이리라"(렘 33:3)고 말씀하신 약속을 붙들고 나아가기 바랍니다.

우리는 자기가 한 기도를 잊을 때가 있지만 하나님 아버지는 잊지 않으십니다. 기도가 입에서 나가는 순간에 하나님이 그 기도를 받으시는 줄로 믿기 바랍니다. 자녀의 신음 소리에도 응답하시는 아버지께서 우리가 부르짖어 기도하는 걸 듣지 않으시겠습니까?

누가는 하늘 아버지께서 우리에게 성령을 주시고자 한다고 말합니다. 하나님이 우리 아버지가 되시는 까닭이 무엇입니까? 우리로 생령이 되게 하셨기 때문입니다. 하나님은 아담을 지으시고, 그코에 생기를 불어넣어 생령이 되게 하셨습니다. 하나님과 소통할수 있게 된 것입니다. 하나님을 아버지로 경험할 수 있게 하신 것입니다.

아버지를 부르며
기뻐해도 좋다

바울은 하나님을 아버지로 경험하고 나서 예수님이 하나님을 아빠로 부르게 하신 일이 얼마나 중요한지를 깨달았습니다.

> 너희가 아들이므로 하나님이 그 아들의 영을 우리 마음 가운데 보내사 아빠 아버지라 부르게 하셨느니라 갈 4:6

> 너희는 다시 무서워하는 종의 영을 받지 아니하고 양자의 영을 받았으므로 우리가 아빠 아버지라고 부르짖느니라 롬 8:15

하나님을 아버지라 부르는 기쁨을 아는 사람은 하나님을 무엇을 얻기 위해 조르는 대상이 아닌 교제의 상대로 여깁니다.

팀 켈러(Timothy J. Keller)가 요구와 교제가 기도의 큰 줄기임을 강조한바 있는데, 하나님을 아버지로 여기는 사람은 요구와 교제에 균형이 있습니다. 그럴 수 있는 이유를 예수님이 말씀하십니다.

> 내 아버지께서 모든 것을 내게 주셨으니 아버지 외에는 아들이 누구인지 아는 자가 없고 아들과 또 아들의 소원대로 계시를 받는 자 외에는 아버지가 누구인지 아는 자가 없나이다 하시고
> 눅 10:22

기도를 통해 하나님과의 비밀한 관계를 확인하기 때문입니다. 아버지를 아는 기쁨을 많이 누려 본 사람일수록 자기 요구가 관철되는 것보다 아버지를 더욱 알아가는 기쁨을 더 중히 여깁니다. 그래서 기도 제목이 응답되었다는 사실을 사람들에게 알리는 것도 좋지만, 때로는 하나님과의 비밀로 간직하는 편이 더 큰 기쁨이 되기도 합니다.

왜 기도합니까? 하나님이 우리 아버지이시기 때문입니다. 왜 우리 기도에 응답하십니까? 우리 아버지이시기 때문입니다. 왜 기도가 응답되지 않습니까? 우리 아버지이시기 때문입니다. 왜 이걸 달라고 하는데, 저걸 주십니까? 그것이 내게 더 좋은 것, 가장 좋은 것이기 때문입니다. 우리 아버지이시기에 최선의 것을 주십니다. 기도가 응답되지 않는데도, 그것이 왜 기쁨입니까? 우리 아버지이시기 때문입니다. 왜 내 기도보다 말씀이 더 앞서며, 말씀이 더 중요합니까? 하나님이 우리 아버지이시기 때문입니다.

하나님을 아빠 아버지라 부르며 기도하는 사람은 걱정이 없습니다. 아이들의 특징은 고민하지 않는다는 것이 아닙니까? 아빠 아버지를 부르며 기도하는 사람은 불면증이나 두려움에 시달리지 않습니다.

주님은 응답하실 수도 있고, 응답하지 않으실 수도 있습니다. 응답이 중요하지 않습니다. 그분이 아버지이시라는 사실이 중요합니다. 주님이 아버지이시라는 사실보다 더 큰 기쁨이 어디 있겠습니까?

아기가 자라서 "아빠"를 부를 때, 뭘 더 기대하겠습니까? 나는 인생에서 그보다 더 큰 기쁨을 맛보지 못했습니다. 내 품에 안긴 아이가 "아빠"라고 부를 때보다 더 큰 기쁨은 없습니다. "아빠" 하고 나를 부르는 아이의 입술을 경이롭게 바라봤던 것을 기억합니다. 엘리베이터 소리만 듣고도 아들이 안방에서 아빠를 부르며 뛰어나오는 모습에 심장이 뛰었던 소중한 기억이 있습니다. 그날 하마터면 현관 앞에서 울 뻔했습니다. 우리가 하나님을 "아빠"라고 부를 때, 하나님도 그처럼 기뻐하시리라 생각합니다.

그러니 기도할 때 떼만 쓰지 마십시오. 때로는 잠잠히 아버지를 묵상하십시오. 때로는 나직이 아버지를 부르며 기뻐하십시오.

아버지를 찾기만 해도 인생의 방황이 끝납니다. 갈 곳이 있음을 깨닫기 때문입니다. 우리 세계 가운데 주님의 아름다운 세계가 펼쳐진다는 사실을 기억하십시오.

육신의 아버지에 대해 마음의 상처가 있는 사람은 아버지를 진심으로 용서할 수 있기를 바랍니다. 그리고 다시 사랑하기로 결정하기 바랍니다. 입술로 조용히 "아버지, 사랑합니다" 하고 고백하게 되기를 바랍니다.

육신의 아버지를 용납하지 못하면, 하늘 아버지께 나아가는 것이 기쁘지 않습니다. 하나님을 "아빠 아버지"라 부르면서도 육신의 아버지를 기쁘게 받아들이지 않는다면 기도는 과녁을 빗나간 것처럼 공허할 것입니다.

기도할 때 아빠 아버지를 부르십시오. 지금까지 말씀으로 가까이 계셨던 아버지를 느낄 수 있을 것입니다. 그가 들으시고, 응답하시는 것을 알게 될 것입니다.

**2**

chapter

----

기도의 수단

무엇으로

기도하는가

사도행전을 읽다 보면, 오늘날 교회가 잃어버린 것들이 눈에 들어옵니다. 우리는 초대교회 당시 사도들과 집사들의 믿음을 잃어버렸습니다. 사도 베드로가 "은과 금은 내게 없거니와 내게 있는 이것을 네게 주노니 나사렛 예수 그리스도의 이름으로 일어나 걸으라"(행 3:6)고 명령했던 믿음이 우리에게는 없습니다.

또한, 우리는 기도도 잃어버렸습니다. 믿음을 잃었기 때문입니다. 믿음을 잃으면 기도할 수 없습니다. 믿는 만큼 기도하기 때문입니다.

우리가 기도하지 않는 까닭이 여기에 있습니다. 믿음이 부족하기 때문입니다. 믿지 않는데 어떻게 기도할 수 있겠습니까? 초대교회의 사도들이 가졌던 담대한 믿음을 회복할 때, 우리도 능력 있는 기도를 할 수 있게 됩니다.

모든 종교가 기도라는 종교적 행위를 하지만 그들은 대체적으로 자기 뜻을 이루고 싶은데 힘이 부족해서, 자기 욕심을 채우고 싶은데 이룰 수단이 없어서 신의 힘을 빌리기 위해 기도합니다. 신의 능력을 빌려서 자기 마음대로 원풀이하고, 한풀이해 보겠다는 것입니다.

그리스도인의 기도가 그런 것입니까? 그렇게 기도하라고 예수님이 십자가를 지셨겠습니까? 우리는 무엇 때문에 기도하며, 누구 때문에 기도하는지, 어떤 힘과 능력으로 기도해야 하는지를 알아야 합니다. 우리가 성경으로 돌아가고, 초대교회로 돌아가야 하는 까닭은 예수님으로부터 기도를 배워야 하기 때문입니다.


## 믿음으로
## 믿음에 이르라

우리 교회를 시작할 때 일곱 명이 새벽에 모여서 처음 드렸던 기도가 "주님, 이 자리에 120명이 앉아서 새벽 예배를 드릴 수 있게 해 주십시오" 하는 것이었습니다. 마가 다락방의 기적이 다시 일어나는 데 120명이면 족하지 않겠습니까? 120명이 모여 뜨겁게 기도할 때, 성령이 임하시면 세상에 무슨 일이 일어나지 않겠습니까? 이제 우리 교회는 120명을 넘어 그보다 훨씬 많은 사람들이 모여 예배를 드리게 되었습니다.

그러나 간절한 마음으로 기도하지 않는다면 몇 명이 모인들 무슨 소용 있겠습니까? 성령이 성도 한 사람, 한 사람에게 임하지 않는다면 어떻게 우리가 이 세상을 바꿀 수 있겠습니까?

초대교회 성도들이 처음부터 뜨겁게 기도했을까요? 아닙니다. 그들도 우리와 다를 바 없었습니다. 성경 이야기가 우리에게 위로가 되는 이유입니다. 성경의 인물들도 처음에는 우리보다 나을 게 없었습니다.

그런데 주님을 만났을 때, 하나님을 아버지로 신뢰했을 때, 아버지께 전심으로 달려갔을 때, 그들은 하나님 손에 붙들린 바 되어서 인간의 수준이 아닌 하나님의 수준으로 쓰임 받게 되었습니다. 그들은 처음부터 위대한 신앙인이 아니었습니다. 다만 그들은 위대하신 하나님께 자신을 맡겨드렸을 뿐입니다.

그들 중에 누구 하나 대단한 사람이 있었습니까? 아브라함이 변변했습니까? 다윗이 웬만했습니까? 어떤 사람의 성정이 그렇게 유별났습니까? 다 고만고만하게 생각하고, 고만고만하게 씨름했으며, 고만고만하게 살았습니다. 그러나 우리와 다르지 않게 고만고만했던 사람들이 전심으로 믿고, 전심으로 의뢰하고, 전심으로 순종하자 하나님의 손에 붙들리어 하나님이 쓰시는 사람들이 되었습니다.

믿음이 세상을 향한 마음보다 커지면 어떤 일이 벌어지겠습니까? 세상을 바꿀 만한 기도를 하게 될 것입니다. 믿음이 아직 세상보다 작기 때문에 우리 기도로 세상이 바뀌지 않는 것 아닙니까?

그러면 우리는 언제 그런 기도를 할 수 있습니까? 예수님의 제자가 되기만 하면 그렇게 기도할 수 있을까요? 그러나 예수님의 제자들도 우리와 별반 다르지 않은 모습이었습니다.

보이지 않는 하나님께 기도하려니 참으로 답답합니다. 하지만 하나님을 볼 수 있다고 해서 기도가 쉬워질까요? 눈으로 하나님을 보면 신바람 나게 기도할 것 같습니까? 결코 그렇지 않을 것입니다. 오히려 하나님이 우리 눈에 보이지 않으시니 얼마나 다행인지 모릅니다. 눈앞에 계시면서도 내 기도를 들어주지 않으신다면 얼마나 더 초조해지겠습니까? 부부가 왜 싸웁니까? 눈앞에 있는데도 무관심하고, 기껏 얘기해도 듣는 체 마는 체하기 때문 아닙니까?

하나님은 영이십니다. 영은 육의 눈으로 볼 수 없습니다. 오직 영의 눈으로만 볼 수 있습니다. 예수님의 제자들은 예수님을 아무리 따라다녀도 예수님을 잘 몰랐습니다.

> 빌립이 이르되 주여 아버지를 우리에게 보여 주옵소서 그리하면 족하겠나이다 요 14:8

빌립이 누구입니까? 열두 제자 중 하나가 아닙니까? 그런데 예수님이 하나님을 아빠 아버지로 부르라고 하시는데, 빌립은 "그 아버지 좀 보여 주십시오. 보여 주시면 속이 시원해지겠습니다"라고 말합니다. 빌립이나 우리나 무슨 차이가 있습니까? 하나님을 믿지 않는 사람들과 무슨 대단한 차이가 있습니까?

지금도 사람들은 하나님을 보여 달라고 요구합니다. 하나님을 보여 주면 믿겠다고 하지만, 사실 봐도 믿지 않을 것입니다. 보여 주면 믿음이 부쩍 자랄 것 같습니까? "허공에 대고 기도하는 것 같아 답답하니, 하나님, 제 앞에 좀 계십시오" 하면 기도가 더 잘될 것 같습니까? 천만의 말씀입니다. 기적을 맛보고도 믿지 않는 게 사람입니다. 이스라엘 백성이 기적을 보지 못해서 예수님을 못 박으라고 소리쳤습니까?

눈에 보인다고 믿어지는 것이 아닙니다. 안 믿기로 작정하면 코앞에 들이대도 안 믿습니다. 사실, 예수님이 친히 이 땅에 오셔서 하나님을 보여 주지 않으셨습니까?

믿음은 '보고 안 보고'의 문제가 아니라 인격적인 만남의 사건입니다. 믿음은 그분을 믿기로 결정하는 의지적 선택과 결단입니다. 하나님이 기다리시는 까닭은 우리가 믿음으로 믿음에 이르기를 원하시기 때문입니다.

> 예수께서 이르시되 빌립아 내가 이렇게 오래 너희와 함께 있으되 네가 나를 알지 못하느냐 나를 본 자는 아버지를 보았거늘 어찌하여 아버지를 보이라 하느냐 요 14:9

예수님이 중요한 대답을 하십니다.

"너는 지금까지 나와 함께 있었는데, 그래도 나를 모른단 말이냐? 나를 본 사람은 아버지를 뵌 것이다. 그런데도 어찌하여 아버지를 또 보여 달라고 하느냐?"

얼마나 놀라운 대답입니까? 하나님을 뵈면 살아남을 자가 없습니다. 제자들은 예수님을 봤고, 예수님은 하나님을 보여 주셨습니다. 하나님을 보여 주시는 것이 예수님이 이 땅에 오신 목적입니다. 예수님이 하나님이십니다. 왜 예수님이 자신을 길이라고 말씀하셨습니까? 왜 예수님이 하나님을 아빠 아버지로 부르셨습니까? 하나님의 아들이시기 때문입니다.

예수님이 담대하게 선포하실 수 있었던 것은 아버지에게서 받은 것을 말했기 때문입니다. 아버지가 누구이신지 알기에 두려움 없이 기도하신 것입니다.

> [10] 내가 아버지 안에 거하고 아버지는 내 안에 계신 것을 네가 믿지 아니하느냐 내가 너희에게 이르는 말은 스스로 하는 것이 아니라 아버지께서 내 안에 계셔서 그의 일을 하시는 것이라 [11] 내가 아버지 안에 거하고 아버지께서 내 안에 계심을 믿으라 그렇지 못하겠거든 행하는 그 일로 말미암아 나를 믿으라 [12] 내가 진실로 진실로 너희에게 이르노니 나를 믿는 자는 내가 하는 일을 그도 할 것이요 또한 그보다 큰일도 하리니 이는 내가 아버지께로 감이라 요 14:10~12

'아버지가 내 안에 계시고, 내가 아버지 안에 거하는 것'이 믿음입니다. 예수님이 왜 "나를 본 자는 아버지를 보았다"라고 말씀하십니까? 그가 아버지 안에 거하고 아버지가 그 안에 계시기 때문입니다. 아들과 아버지가 하나이기 때문입니다. 그래서 예수님은 자기 마음대로 말씀하시지 않습니다. 오직 아버지께 들은 대로 말씀하십니다.

예수님은 "나를 보고도 믿지 못하겠다면, 내가 하는 일을 보고 믿으라"고 말씀하십니다. 그가 하는 일을 보고, 무엇을 믿으라는 것입니까? 하나님을 믿으라는 것입니다. 눈에 보이는 일을 통해서라도 눈에 보이지 않는 영적 실재, 즉 영이신 하나님을 믿으라는 것입니다.

그 일이란 무엇입니까? 하나님을 드러내는 일입니다. 예수님이 행하신 일을 보고 하나님에 대한 믿음을 가지라는 말씀입니다. 예수님은 믿음으로 믿음에 이르기를 요구하십니다. 믿음으로 믿음에 이르는 과정이 곧 믿음의 여정이기 때문입니다.


## 예수님의 이름이 뜻하는 것

예수님이 "내가 아버지께로 갈 것이다"라고 말씀하십니다. 아버지가 보내신 것도 목적이요 아버지께로 가시는 것도 목적입니다. 그러면서 놀라운 말씀을 하십니다.

"나를 믿는 자는 내가 하는 일을 그도 할 것이다. 아니, 나보다 더 큰 일을 행할 것이다."

믿어집니까? 우리가 예수님보다 더 큰 일을 행하다니요? 말이 됩니까?

그런데 그런 일이 실제로 일어났습니다. 그 이야기가 사도행전에 기록되어 있습니다. 마가의 다락방에서 제자 120명이 한마음으로 간절히 기도하는 가운데 성령이 임하면서 변화가 시작되었습니다. 제자들이 예수님처럼 일하게 되었고, 그분의 말씀대로 그분이 행하셨던 것보다 더 큰 일들을 하기 시작했습니다.

놀랍지 않습니까? 고작 갈릴리에서 유대 땅까지 왔다 갔다 하시던 분이 떠나고 나니 그 제자들이 아시아를 넘어 유럽을 거쳐서 땅끝까지 이르는 행진을 하니 말입니다.

예수님은 믿음으로 기도하라고 말씀하십니다. 믿음이 무엇입니까? 예수님이 하신 일을 하는 것입니다. 예수님이 하신 일뿐 아니라 더 큰 일도 하는 것입니다.

주님이 명하신 일, 곧 우리에게 성령을 부어 주며 시작하신 이 일을 우리를 통해 끝까지 이루실 것을 믿으십시오. 이것이 부르심의 목적이요, 우리가 기도하는 목적입니다. 왜 기도합니까? 주님이 시작하신 일을 끝까지 완수하기 위해서입니다.

예수님이 약속하십니다.

> 13 너희가 내 이름으로 무엇을 구하든지 내가 행하리니 이는 아버지로 하여금 아들로 말미암아 영광을 받으시게 하려 함이라 14 내 이름으로 무엇이든지 내게 구하면 내가 행하리라
>
> 요 14:13~14

이 약속의 열쇠가 무엇입니까? "내 이름으로 구하라"입니다. 예

수님의 이름으로 무엇을 구하든지 예수님이 그 일을 행하시겠다는 것입니다. 약속이자 명령입니다.

그런데 예수님의 이름으로 구해 보니 실제로 다 이루어집니까? 왜 기도가 시들시들해집니까? 왜 기도가 힘을 잃고, 능력이 없습니까? 예수님의 이름으로 구해도 이루어지는 것을 보면 변변찮기 때문입니다.

열심히 기도하던 사람이 교회를 떠나는 일이 있습니다. 어려움이 있어서 왔는데 딱히 이루어진 게 없기 때문입니다. 뭘 좀 풀어 달라고 아침마다 간절히 매달렸는데도 해결된 일이 없기 때문입니다.

"예수님의 이름으로 구하라고 해서 구했더니 되는 일이 하나도 없네."

그러면 주님이 잘못 말씀하신 것입니까? 수표에 사인하듯이 자기 소원을 다 아뢰고 나서 끝에 "예수님의 이름으로 기도합니다"라고 붙이기만 하면 은행에서 돈을 찾듯 소원을 이룰 수 있습니까? 예수님이 그런 기도를 말씀하셨습니까? 우리 기도가 어디서부터 잘못되었습니까? 대체 어디서부터 빗나간 것입니까?

"내 이름으로 구하면 내가 행하겠다"는 말씀은 대체 무슨 뜻입니까? 예수님이 제자들에게 말씀하십니다.

"내 이름으로 기도하면 내가 행할 것이고, 그러면 내 아버지께서 영광을 받으실 것이다."

이 말은 예수님이 오로지 아버지의 영광을 위해 기도하셨듯이 우리도 예수님처럼 기도하면, 무엇이든지 행하시겠다는 뜻입니다.

마지막 대제사장인 예수님이 드린 기도의 궁극적인 목적이 무엇입니까? 십자가를 지게 해 달라는 것입니다. 왜요? 그것이 하나님 아버지께서 받으실 영광의 클라이맥스이기 때문입니다. 하나님은 십자가에서 가장 큰 영광을 받으실 것입니다. 십자가 사명을 위해 하나님이 그 아들에게 기적과 이사(異事)를 행하는 권능을 허락하셨던 것입니다. 그래서 주님의 마지막 기도는 끝까지 십자가를 지게 해 달라는 것이었습니다.

이제 예수님이 제자들에게 약속하십니다.

"너희도 나처럼 십자가를 향해 걷는다면, 내가 무슨 일이든지 다 해 줄 것이다."

우리가 기도하는 목적은 무엇입니까? 예수님과 함께 십자가를 지기 위함입니까, 아니면 십자가를 피하기 위함입니까? 내 영광을 구하는 것입니까, 아니면 예수님의 영광을 구하는 것입니까?

예수님이 하나님의 영광을 위하여 끝까지 포기하지 않고 걸어가신 곳이 어디입니까? 바로 골고다 언덕입니다. 그 언덕에 십자가가 세워졌고, 그 십자가의 공로로 교회가 세워졌습니다.

예수님의 이름이 무엇입니까? 예수님의 이름은 곧 '하나님의 뜻'입니다. '예수'라는 히브리 이름의 뜻은 "하나님은 구원이시다"입니다. 예수님의 이름이 곧 하나님 나라입니다.

누군가의 이름으로 기도한다는 것은 그 이름에 걸맞게 기도한다는 것이며, 그에 걸맞은 삶을 추구한다는 의미입니다. 예수님의 이름으로 구하라는 명령은 그야말로 무수히 많은 종교에서 구하는 것과는 본질적으로 다릅니다. 어느 종교가 십자가를 구합니까? 어떤 종교인이 십자가를 지기 위해 기도합니까?

## 예수님 이름에
## 합당한 삶

우리 기도가 응답되지 않는 까닭을 사도 야고보가 알려 줍니다.

> [1] 너희 중에 싸움이 어디로부터 다툼이 어디로부터 나느냐 너희 지체 중에서 싸우는 정욕으로부터 나는 것이 아니냐 [2] 너희는 욕심을 내어도 얻지 못하여 살인하며 시기하여도 능히 취하지 못하므로 다투고 싸우는도다 너희가 얻지 못함은 구하지 아니하기 때문이요 [3] 구하여도 받지 못함은 정욕으로 쓰려고 잘못 구하기 때문이라 약 4:1~3

기도하는 사람끼리 왜 다툽니까? 다투지 않게 해 달라고 청하지 않아서입니다. 왜 음욕을 품습니까? 음욕을 제해 달라고 청하지 않아서입니다. 야고보는 우리가 구해도 얻지 못하는 것은 잘못 구하거나 아니면 다른 욕심으로 구하기 때문이라고 말합니다. 자기 욕심을 위해 기도한다면, 응답이 안 되는 것이 당연할 뿐만 아니라 응답이 되어도 큰일입니다.

이름은 곧 정체성입니다. 이름에는 인격이 담겨 있습니다. 그래서 자녀들은 아버지의 이름을 욕되게 하지 않으려고 근신하며 살아갑니다. 아버지를 정말로 사랑하는 아들딸들은 어떻게 삽니까? 아버지의 이름에 걸맞게 살려고 애씁니다.

그리스도인이 누구입니까? '그리스도의 이름으로 사는 사람'입니다. 그리스도는 메시아, 즉 구원자입니다. 그리스도의 이름으로 산다는 것은 구원받은 자로서 산다는 뜻입니다. 구원받은 사람은 어떻게 살아갑니까? 세상에서 건져지고, 죄에서 해방된 상태로 살아갑니다.

구원이 무엇인지 모르면 구원받지 않은 사람들과 다를 바 없이 살 것입니다. 그러나 구원이 무엇인지를 알고, 구원자가 누구이신지를 알며, 그가 우리를 어떻게 구원하셨는지를 알면 구원에 합당하게 삽니다. 그게 예수님의 이름에 합당하게 사는 모습입니다.

예를 들어 봅시다. 아버지가 독립운동을 하다가 모진 고문 끝에 돌아가셨다면, 그 아들이 일본을 입에 침이 마르도록 칭찬하겠습니까? 한국이 여전히 일본의 그늘에서 벗어나지 못하고 있는 것을 보면, 마음에 어떤 분노나 안타까움이 느껴지지 않겠습니까? 사람들이 일본에 대해서 입에 침이 마르도록 칭찬을 늘어놓는다면, 그 자리에 앉아 있는 것이 마음 편하겠습니까? 독립 유공자의 아들이라면, 그 아버지의 이름을 욕되게 하지 않으려고 노력하지 않겠습니까?

어떤 중소 기업인이 일본 회사와 지루한 협상 끝에 계약을 앞두고, 막바지 단계에서 제품 보증으로 실랑이를 벌이게 되었습니다. 그가 보증 약속을 어떻게 신뢰할 수 있느냐고 따져 물었더니, 일본인 사장이 한마디로 이야기를 끝냈습니다.

"나는 일본인입니다."

그는 그 말이 무슨 뜻인지 금세 알아차렸습니다. '나는 너희와 다르다. 일본인은 한국인처럼 속이지 않는다'라고 말하고 있음을 알고, 마음이 무척 아팠습니다. 그는 일본의 식민 통치 시절을 기억하고 있었기에 그 한마디가 비수처럼 느껴졌습니다.

일본인에게는 '나는 일본인이다. 나는 세상 어떤 나라의 국민과도 다르다. 그러므로 일본이라는 이름에 걸맞게 살아야 한다'라는 의식이 있습니다. 그런데 우리는 우리나라를 "헬조선"이라 부르며 자조하지 않습니까? 그러니 뼈아프게 들리는 것입니다.

예수님의 이름도 마찬가지입니다. 하나님 나라를 위해서 오신 예수님이 어떻게 돌아가셨습니까? 십자가에 못 박혀 돌아가셨습니다. 하나님 나라를 위해 돌아가신 것입니다. 예수님은 하나님 나라의 독립 유공자이신 셈입니다.

이제 주님의 이름을 위해 살아가야 할 우리가 그분을 못 박은 세상을 부러워해서야 되겠습니까? 그분을 못 박은 세상을 욕심내서야 되겠습니까? 만약 그런다면 독립 유공자의 아들이 일본을 부러워하는 것과 같습니다.

우리는 예수님이 구원자이심을 알기에 구원받은 백성으로서 그의 이름에 합당하게 살기 위해 결단합니다. 주의 인 치심(딤후 2:19)에 따라 세상 기준으로, 세상을 목적으로, 세상 수준으로 살지 않기로 결단합니다. 이것이 바로 "예수님의 이름으로" 구하는 삶입니다. "예수님의 이름으로 기도합니다"는 기도를 끝맺는 단순한 마침표가 아닙니다.

그리스도인은 메시아를 가슴에 품고 살아가는 사람이기에 우리가 구하는 것은 세상과 다를 수밖에 없습니다. 그런데 어떻게 세상 사람처럼 삽니까? 어떻게 세상 사람보다 못하게 살겠습니까? 어떻게 예수님을 못 박아 죽인 세상을 입에 침이 마르도록 칭찬하며, 내 자녀와 젊은이들에게 세상을 본받으라고 가르치겠습니까?

왜 예수님의 제자들이 세상 속으로 흩어졌으며, 왜 사도들이 모두 순교했습니까? 예수님의 이름으로 구했고, 예수님의 이름으로 기도했고, 예수님의 이름에 걸맞게 살았기 때문입니다. 그들은 예수님의 이름으로 받은 구원을 예수님의 이름으로 이루었고, 예수님의 이름으로 전했습니다.


예수님의 이름은
마침표가 아니다

예수님은 거듭해서 약속하십니다.

그날에는 너희가 아무것도 내게 묻지 아니하리라 내가 진실로

진실로 너희에게 이르노니 너희가 무엇이든지 아버지께 구하는
것을 내 이름으로 주시리라 요 16:23

그날에는 구하는 것을 주실지 말지를 묻지도 않게 될 것이라고
말씀하십니다. 예수님이 "아버지께서 내 안에 계시고 내가 아버지
안에 있다"라고 하셨듯이 내 안에 하나님이 계시고, 내가 하나님
안에 있으면 예수님께 일일이 묻지 않아도, 하나님의 뜻에 합당한
것을 구하게 된다는 뜻입니다. 그 결과, 무엇이든지 아버지께 구하
는 것마다 다 이루어 주실 것입니다.

오직 그리스도의 이름으로 기도하는 자만이 십자가를 지게 해
달라는 기도를 합니다. 십자가의 영광을 아버지께 올려 드리고 싶
어 합니다.

그런 기도를 드리는데 어떻게 달라지지 않을 수 있습니까? 어
떻게 가정이 변화하지 않겠습니까? 어떻게 일터가 바뀌지 않겠습
니까?

그렇게 기도하지 못하니까 세상이 이 지경에 이른 것입니다. 새
벽마다 수많은 그리스도인이 주여, 주여, 부르짖어 기도하는데도
그렇습니다. 예수님의 십자가가 가져온 온 인류의 변화가 큰 의미
로 다가올 때, 우리는 더 이상 내 정욕을 따라 내 자랑거리를 구하
지 않을 수 있습니다.

기도 응답이 잘 안 될 때는 자신을 돌아보고 '내가 예수님의 이
름으로 구하지 않고, 정욕으로 구하려고 했구나' 하고 깨달아야 합

니다. 그리고 기도의 맥을 다잡아야 합니다. 그리스도인은 성경의 맥을 따라, 아버지의 호흡을 따라, 예수 그리스도의 맥박을 따라 구하는 삶을 삽니다.

정욕을 따라 구해 놓고, "예수님의 이름으로" 마침표를 찍어서는 안 될 것입니다. 무엇보다도 회개 기도부터 먼저 드리십시오.

"주님의 이름으로 기도한다고 하면서, 주님의 이름에 걸맞지 않은, 심지어 주님의 이름을 욕되게 하는 것들을 구했습니다. 정욕으로 구하다가 다투기까지 했습니다…."

주님께 솔직하게 아뢰고, 다시금 바른 기도의 자리로 돌아가기를 축복합니다.

조지 뮬러(George Müller)는 수없이 많은 기도 응답을 받았습니다. 예수님의 이름으로 구하느라 사람들에게 부탁하지도 않았습니다. 보육원 아이들에게 먹일 우유가 없어서 기도하면, 다음 날 아침에 우유 배달차가 보육원 앞에 멈춰 섰습니다. 그 정도로 기도의 응답을 많이 받았는데, 두 가지 기도만은 응답되지 않았다고 합니다. 전도를 위해 기도한 친구 둘이 그가 죽을 때까지 믿지 않은 것입니다. 그런데 한 친구는 그의 장례식 날 예수님을 영접했고, 다른 한 친구는 그로부터 한 달 후에 예수님을 영접했습니다.

죽고 나면 가장 큰 후회가 "예수님의 이름으로" 기도하지 않은 것이라고 하지 않습니까? "내 이름으로 무엇을 구하든지 내가 행하리라" 하고 쌓아 놓으신 목록이 너무나 긴 것을 보고, 기막혀하고 그동안 구하지 못했던 것을 후회한다는 것입니다.

이 글을 쓰는 나부터 회개해야 합니다. 내 이름에 걸맞게 구할 뿐, 예수님의 이름에 걸맞게 구하지 못한 것들을 회개합니다. 이제부터라도 예수님의 이름으로 구합시다. 예수님의 이름으로 나아갑시다. 이 기도 때문에 아픔을 겪을지라도 결국 하나님 나라가 이 땅에 임할 것입니다. 진실로 이 땅에 하나님 나라가 임하도록 기도합시다.

**3**
chapter

___

기도의 능력

누구의 도움으로

기도하는가

>>>>

 

암 투병 중인 어르신을 찾아가 세례를 베푼 일이 있었습니다. 팔십 평생 예수님을 거부하며 살던 분이데, 딸의 눈물 어린 부탁에 못 이겨 세례를 받기로 한 것입니다. 세례를 마치고 나서 긴 이야기를 나누지 못한 채 교회로 돌아왔습니다.

잠시 후에 그분의 딸이 문자 메시지와 함께 아버지의 동영상을 보내왔습니다. 딸이 아버지에게 "세례를 받으니 어떠세요?" 하고 묻자 아버지가 눈을 지그시 감은 채 있다가 대답했습니다.

"영과 영이 만나는 영적 사건인데, 어떻게 느낌이 없겠어?"

어르신의 한마디에 큰 감동을 느꼈습니다. 그리고 평생 하나님의 존재를 거부하며 살아온 사람도 세례받는 순간에는 그것이 영적 사건임을 깨닫는다는 사실에 놀랐습니다. 세례받는 모든 성도가 이 같은 고백과 경험을 할 수 있기를 바랍니다.

예수님을 영접하는 일이나 세례받는 일은 모두 영적인 사건입니다. 이제까지 보이는 것만을 존재하는 것으로 인정하고, 과학이 설명할 수 없는 것들은 부인하며 살아왔어도 영적인 사건을 통해 신앙을 얻습니다. 일반적인 종교 생활과는 다른 삶입니다.

영적인 사건을 제대로 경험한 사람은 인생의 우선순위가 새롭게 됩니다. 말씀이 최우선 순위가 되고, 그다음이 은밀한 기도의 기쁨과 알 수 없는 평안이 됩니다.


## 기도는
## 영적인 사건이다

그리스도인이란 날마다 영적인 눈으로 영적인 사건을 보는 사람입니다. 보이는 것만 보고 살아가는 사람과는 다른 삶을 삽니다. 과학적으로 설명할 수 없는 것들은 거부하던 삶에서 과학적으로 설명되지 않아도 마음 가운데 알 수 없는 기쁨과 평안을 느끼는 사람으로 바뀝니다.

믿음을 갖게 되는 초기에 일어나는 이러한 일들을 통해서 아주 중요한 두 가지를 경험하게 됩니다. 첫째는 말씀이 믿어진다는 것입니다. 가장 먼저 말씀이 읽히고 들립니다. 그전에는 말씀을 듣기만 해도 졸리고 지루했는데, 어느덧 말씀이 마음에 와 닿습니다. 예전에는 성경책을 펴면 도저히 읽을 엄두가 나지 않았는데, 이제는 말씀을 읽을수록 점점 더 궁금해지고 더 알고 싶어집니다.

둘째는 기도입니다. 여전히 누군가가 기도하라고 할까 봐 전전긍긍하기도 하지만, 그래도 혼자서 입술을 움직이기 시작합니다.

정말로 어린아이 같은 기도가 입에서 나오기 시작합니다. 스스로 놀랍니다. 가장 놀라운 것은 회개 기도를 한다는 것입니다. 자신이 얼마나 잘못 살아왔는지, 얼마나 많은 죄를 지었는지를 깨닫고 고백합니다. 기도를 통해 내밀한 기쁨을 맛봅니다. 기도할 수 있다는 사실이 얼마나 큰 기쁨이며 특권인지를 깨닫기 시작합니다. 그리고 그와 함께 세상이 알 수도 줄 수도 없는 평안이 물밀듯 밀려오는 것을 경험합니다.

기도라는 영적인 사건을 경험한 후에 이제까지 경험하지 못했던 변화가 내면에서 일어납니다. 이 모두가 믿음 초기에 그리스도인에게 일어나는 변화입니다.

바울은 기도의 경험을 이렇게 표현합니다. 육신대로 살아가는 것이 불편해지는 경험입니다.

> 그러므로 형제들아 우리가 빚진 자로되 육신에게 져서 육신대로 살 것이 아니니라 롬 8:12

로마서 8장은 "그리스도 예수 안에 있는 생명의 성령의 법이 죄와 사망의 법에서" 우리를 해방시켰음을 선언하는 것으로 시작됩니다. 구원은 성령 안에서의 해방과 자유를 뜻합니다. 죄로부터의 해방을 선언하는 것입니다. 아무런 의무와 책임이 없다는 뜻은 아닙니다. 그리스도인에게 주어진 자유에는 전혀 다른 의무가 포함되어 있음에 주의하십시오.

결혼을 예로 들겠습니다. 결혼은 자유로운 선택과 결정으로 이루어집니다. 그러나 이 자유에는 의무와 책임이 포함되어 있습니다. 자신이 자유롭게 선택한 결정에 스스로 전적인 의무를 져야 한다는 뜻입니다. 독신 생활에서 누렸던 것들을 더는 주장하거나 고집할 수 없습니다. 이것이 선택의 빚입니다.

우리는 생명과 성령의 빚진 자들입니다. 내가 나를 주장할 수 없습니다. 더 이상 육신을 따라 살 수 없습니다.

육신에게 져서 육신대로 사는 것은 어떤 삶입니까? 교회에 다니면서도 자기 멋대로 사는 삶입니다. 구원을 받았으니 이제 하고 싶은 대로 해도 된다며 다시 제멋대로 사는 것입니다. 이런 삶은 영적인 삶과는 정반대의 삶입니다. 구원받았다고 착각하면서 사는 것뿐입니다.

> 13 너희가 육신대로 살면 반드시 죽을 것이로되 영으로써 몸의 행실을 죽이면 살리니 14 무릇 하나님의 영으로 인도함을 받는 사람은 곧 하나님의 아들이라 롬 8:13~14

바울이 한 가지 사실을 분명히 알려 줍니다. 몸을 따라 살면 반드시 죽지만, 영으로 몸의 행실을 죽이면 산다는 것입니다.

그러므로 우리 기도는 두 갈래로 뚜렷이 대별됩니다. 몸의 행실을 이루기 위해 드리는 기도와 몸의 행실을 죽이기 위해 드리는 기도입니다. 전자는 죽음을 위한 기도이고, 후자는 생명을 위한 기도입니다.

기도라고 다 같은 기도입니까? 열심히 기도하면 다 좋은 것입니까? 열심히 기도해도 못된 성격 하나 못 고치는 사람은 대체 무슨 기도를 하고 있는 것입니까? 일이 잘되고, 잘 풀리기만 하면 되는 겁니까? 일본 불교의 한 종파인 남묘호렌게쿄는 아침마다 주문을 외우면 안 되는 일이 없다고 주장합니다. 다른 종교에도 방언이 있고, 예언이 있습니다.

그러나 몸의 행실을 이루기 위해 드리는 기도는 죽음을 위한 기도일 뿐입니다. 육신을 따라 구하는 것과 성령을 따라 구하는 것의 차이를 알지 못하면, 여전히 옛사람의 기도를 하고 옛사람의 기도 응답을 갈망하는 존재가 될 수밖에 없습니다.

성령이 오시는 사건, 자신이 영적인 존재임을 깨닫는 사건을 경험하게 되면 삶의 기준이 완전히 바뀌며 기도가 완전히 바뀝니다. 이런 경험을 하지 못하면, 평생 하나님의 자녀가 아닌 단지 한 종교인으로서만 살다가 갈 것입니다. 그리스도를 진정으로 체험해 보지도 못한 채 평생 몸의 행실을 이루기 위한 기도를 하며 살 것입니다.

바울이 놀라운 선언을 합니다. "하나님의 영으로 인도함을 받는 사람은 곧 하나님의 아들"(14절)이라는 것입니다. 하나님의 아들은 예수님 아닙니까? 그런데 하나님의 영으로 인도함을 받는 사람은 누구나 하나님의 아들이 된다는 것입니다.

사도 요한은 이것을 어떻게 표현했습니까?

영접하는 자 곧 그 이름을 믿는 자들에게는 하나님의 자녀가 되는 권세를 주셨으니 요 1:12

"하나님의 자녀가 되는 권세"란 무엇입니까? 하나님의 자녀가 되면 어떤 권세를 갖게 됩니까? 그 권세를 따라 드리는 기도는 어떤 기도일까요?

나는 이 말씀을 묵상하면서 자신이 어떤 존재인지를 알면, 어떻게 기도해야 할지도 알게 된다는 사실을 깨달았습니다. 우리가 누구입니까? 하나님의 아들딸들입니다. 성령의 인도함을 받기 때문입니다. 성령의 인도를 받기 위해 우리가 무엇을 해야 합니까? 믿어야 합니다.

믿음은 바라는 것들의 실상입니다. 긍정적 사고가 곧 믿음은 아니지만, 믿으면 긍정적인 사고를 합니다. 믿음은 하나님의 긍정입니다. 하나님은 우리를 거절하지 않으십니다. 하나님이 긍정해 주셨기에, 우리도 자신을 긍정합니다. 자기 자신을 받아들이는 것이 믿음입니다. 자신을 받아들인다는 것은 자기에게 주어진 모든 것에 긍정적로 반응하는 것입니다. 거기서 한 걸음 더 나아가 이웃에게도 긍정하게 됩니다. 이것이 믿음의 선순환입니다.

## 무서워하는 종의 영과
## 양자의 영

### 믿음의 선순환은 어떻게 시작됩니까?

> [15] 너희는 다시 무서워하는 종의 영을 받지 아니하고 양자의 영을 받았으므로 우리가 아빠 아버지라고 부르짖느니라 [16] 성령이 친히 우리의 영과 더불어 우리가 하나님의 자녀인 것을 증언하시나니 롬 8:15~16

여기에 영적인 실체에 관한 중요한 정보가 있습니다. "무서워하는 종의 영"이 있고, "양자의 영"이 있다는 것입니다. 영적인 경험이 시작되면, 두 영적 세계에 눈을 뜹니다.

먼저, 우리를 두렵게 하는 영이 있습니다. 우리를 불안하게 하고, 분노하게 하고, 끝없이 뒤흔드는 영이 있습니다. 이 영을 받은 자들은 거짓말로 사람을 속이며 사람을 이용하고, 사람 위에 군림하고자 합니다. 이것이 "종의 영"을 받은 사람들의 특징입니다.

그들의 세계는 조직폭력배들의 세계처럼 사악합니다. 배후에 악한 영적 실체가 있습니다. 그것이 뒤를 봐주지만 왜 봐줍니까? 죽으라고 봐주는 것입니다. 두려우니까 거짓말하는 것입니다. 시기하고, 질투하고, 음해하고, 모해하도록 끊임없이 몰아붙이는 영을 받으면 그런 일을 위해 기도하게 됩니다.

무슬림 소년이 그리스도인은 모두 죽게 해 달라고 기도하는 동영상을 본 적이 있습니다. "무서워하는 종의 영", 즉 사탄의 영을 받으면 실제로 종일 그런 무서운 기도를 하게 됩니다.

성령은 정반대의 일을 합니다. 마음에 사랑과 평강과 기쁨을 가져다줍니다. 사랑이 허다한 죄를 덮고, 두려움을 내쫓습니다. 평강이 허다한 염려를 내쫓습니다. 기쁨은 온갖 분노를 내쫓습니다. 성령을 따라 믿음을 구하고, 사랑을 구하고, 소망을 구하면서 기도가 달라지기 시작합니다. 그럼으로써 본질적인 변화를 경험합니다. 이것이 성령 받은 사람의 기도입니다.

두려움이 있으면 평안하게 기도하지 못합니다. 의무감에 짓눌려 기도합니다. 정해진 기도를 철저히 지켜야 하는 무슬림들을 보면 불쌍합니다. 서로 눈치를 봐야 합니다. 한 사람이 머리를 땅에 대고 있으면, 옆 사람도 머리를 대지 않을 수가 없습니다. 서로 감시하는 체제이기 때문입니다. 근래 우리나라 대학에 무슬림이 많이 유학 왔는데, 그들이 무리하게 기도실을 요구해서 문제가 되고 있습니다. 수업 도중에 메카를 향해 엎드려 기도하거나 소리 내어 기도해서 곤혹스럽다고 합니다. 그들은 기도하지 않으면 두려움에 빠지는 사람들입니다.

두 가지 영을 분별할 줄만 알면, 말세에 놓인 세상을 한눈에 볼 수 있습니다. 악한 영이 주는 두려움에 세상 사람들이 쉽게 정복당하고 굴복하는 모습을 보게 됩니다.

바울이 아들같이 여기던 젊은 목회자 디모데에게 악한 영이 활보하는 말세의 풍경을 이렇게 묘사해 주었습니다.

¹ 너는 이것을 알라 말세에 고통하는 때가 이르러 ² 사람들이 자기를 사랑하며 돈을 사랑하며 자랑하며 교만하며 비방하며 부모를 거역하며 감사하지 아니하며 거룩하지 아니하며 ³ 무정하며 원통함을 풀지 아니하며 모함하며 절제하지 못하며 사나우며 선한 것을 좋아하지 아니하며 ⁴ 배신하며 조급하며 자만하며 쾌락을 사랑하기를 하나님 사랑하는 것보다 더하며 ⁵ 경건의 모양은 있으나 경건의 능력은 부인하니 이 같은 자들에게서 네가 돌아서라 딤후 3:1~5

그는 말세에 사람들이 왜 고통당하는지를 설명합니다. 여기서 우리는 말세에 고통당하는 자들의 기도 제목을 발견합니다. 이로써 대부분의 종교인들이 무슨 기도를 하는지 알 수 있습니다.

그들은 자기를 위해 기도합니다. 돈과 자랑거리를 위해 기도합니다. 교만해져서 기도하고, 비방하기 위해 기도하고, 부모의 뜻과 배치되는데도 기도하고, 감사함 없이 기도하고, 행복하기 위해서 기도합니다. 거룩함을 위해서는 기도하지 않습니다.

그로써 그들이 얻는 것은 고통입니다. 기도하는데도 고통을 경험합니다. 기도하는데도 무정하며, 원통함을 풀지 못하고, 여전히 모함하고, 무절제하고, 사나우며, 선한 것을 갈망하지 않습니다. 교회에서 기도하고 돌아와서 사람을 배신하고, 조급하고, 자만하고, 쾌락에서 벗어나지 못합니다. "무서워하는 종의 영"을 받은 사람들은 실컷 기도하고서도 고통에서 벗어나지 못합니다.

이 모두가 결국 하나님을 사랑하지 않고, 자신을 더 사랑해서 빚어지는 일들입니다. 두려워한다는 것은 하나님을 믿지 않는다는 뜻입니다. 그러니 하나님을 모욕하는 것입니다. 바울은 이것을 한마디로 "경건의 모양은 있으나 경건의 능력은 부인"하는 것이라고 요약합니다.

말세에 당하는 고통은 인간이 무엇을 구하고, 무엇을 위해서 기도하기에 생기는 것입니까? 우리는 정말로 위험한 시대를 살고 있습니다. 성령을 따라 기도하지 않으면, 다시 말해, 자기 정욕을 따라서만 계속 기도하면서 어느새 상상할 수 없을 정도로 악한 사람이 되어 있는 자신을 발견할 것입니다.

세상에서 벌어지는 엄청난 사건들의 뒤를 캐 보면, 거기에 그리스도인들이 있다는 얘기를 하곤 합니다. 자기는 교회에 다니는 사람이라고 떠벌리는 사람들이 있습니다. 그런 사람들이 세상 사람들도 하지 않는 기발한 방법으로 탈세하기도 합니다. 심지어 뇌물을 주고받기에 제일 좋은 장소가 교회라는 말도 서슴없이 합니다. 어떤 사람은 교회 헌금을 이용해 불법 자금을 세탁하기도 합니다. 이런 일들이 버젓이 일어나고 있습니다.

그들이 기도를 안 했을까요? 그들을 도운 목사들이 기도를 안 했겠습니까? 도대체 무슨 기도를 어떻게 하기에 교회에서 이런 일들이 일어난단 말입니까? 두려움의 영에 사로잡혀 있기 때문입니다. 진정한 자유와 기쁨을 맛보지 못했기에 엉뚱한 기도를 하는 것입니다. 성령을 따라 기도하지 않으면, 이런 일들이 계속 일어납니다.

바울 자신이 그러한 일을 직접 경험했습니다. 바울이 되기 전, 사울이었던 시절에 그는 바리새인 중의 바리새인이었습니다. 종교적 열심으로는 누구에게도 지지 않을 사람이었습니다. 그러나 회심을 경험하면서, 그때 기도했던 모든 것이 하나님보다 자신을 더 사랑한 데서 비롯된 것임을 깨닫고는 충격에 빠졌습니다. 그리고 하나님의 자녀가 된다는 것이 무엇인지 비로소 알게 되었습니다.

바울이 새로운 기도를 요구합니다.

> 사랑하는 자들아 너희는 너희의 지극히 거룩한 믿음 위에 자신을 세우며 성령으로 기도하며 유 1:20

그리스도인은 늘 자기 정욕이 아닌 성령을 따라 구해야 하는 사람들입니다. 바울은 마귀를 대적하기 위해서는 전신 갑주로 무장한 채 기도하는 삶을 살아야 한다고 말합니다.

> 모든 기도와 간구를 하되 항상 성령 안에서 기도하고 이를 위하여 깨어 구하기를 항상 힘쓰며 여러 성도를 위하여 구하라 엡 6:18

성령 안에서 깨어 기도할 때, 우리는 어떤 기도를 하게 됩니까? 성령은 믿음을 구하게 하십니다. 성령은 사랑을 구하게 하십니다.

성령은 소망을 구하게 하십니다. 깨어 구하는 것이 모두 영적인
일입니다.


## 성령의 사람이
## 드리는 기도

고등학교 3학년 학생이 성도들에게 감
사의 떡을 돌린 적이 있습니다. 대학 입시 3주 전에 자신이 원하는
대학에 입학할 수 있기를 소망하는 기도 제목을 내놓았는데, 불합
격하고 말았습니다. 하지만 어머니와 함께 기도하다가 3주 동안
빠지지 않고 기도하게 해 주신 것에 감사하는 마음으로 떡을 돌리
게 되었다는 것입니다.

대학 입시에 떨어졌다고 감사의 떡을 올린 적이 있습니까? 가
게 문을 닫았다고 감사해서 예배드린 적이 있습니까? 많은 사람들
이 개업할 때는 예배를 드려 달라고 요청하지만 폐업할 때는 누구
도 소식이 없습니다. 그러나 때로는 문이 닫히는 것도 감사한 일
입니다. 하나님은 선하신 분이기 때문입니다.

우리가 하나님의 자녀라면 그리스도와 함께 영광을 받을 것입
니다. 그러나 영광을 받기 위해서는 고난도 반드시 받아야 합니다.
이것은 선택 사항이 아닙니다. 우리가 기도하는 까닭은 항상 깨어
서 고난을 이겨 내고, 영적인 일을 구하기 위함입니다.

고난 가운데서도 감사의 떡을 올릴 줄 아는 성도가 되기를 축복

합니다. 그러면 궁극적으로 하나님이 일을 풀어 주실 것입니다. 풍랑은 오래가지 않습니다. 터널도 영원하지 않습니다. 주님 안으로 쑥 걸어 들어가기만 하면, 거기서 어두운 터널이 끝나고 반드시 빛줄기를 보게 됩니다.

그리스도인의 기도는 본질부터 다릅니다. 성령을 따라 구하는 기도는 완전히 다른 기도입니다. 그런 기도에 우리가 초대받은 것입니다. 주님은 단 한 사람, 아브라함의 믿음으로 구원의 여정을 시작하셨습니다. 좁은 마가 다락방에 모인 120명으로 세계 선교를 시작하셨습니다. 우리 가운데 단 몇 사람이라도 하나님의 뜻을 따라 구한다면, 종교 개혁 500주년을 맞이하여 새로운 종교 개혁과 구습의 철폐가 일어날 것입니다.

성령을 따라 구하는 기도를 하십시오. 먼저, 자신의 성령 충만을 위해 기도하십시오. 성령 충만을 구할 때, 마가 다락방에 강한 바람처럼, 불의 혀처럼 임했던 성령이 우리에게도 임할 줄 믿습니다. 성령의 임재를 거스르지 말고, 이미 오신 성령께 순종할 수 있도록 마음을 열고 귀와 혀도 열기를 바랍니다.

> 자녀이면 또한 상속자 곧 하나님의 상속자요 그리스도와 함께
> 한 상속자니 우리가 그와 함께 영광을 받기 위하여 고난도 함께
> 받아야 할 것이니라 롬 8:17

양자로 입양된다는 것은 아버지의 모든 유업을 물려받는 상속

자가 된다는 뜻입니다. 아버지의 유업은 모두 선하지만, 문제는 그 선한 유업이 자녀가 보기에는 다 좋아 보이지는 않는다는 사실입니다. 자기 소망과는 맞지 않는 부분이 많기 때문입니다. 아버지는 양자를 유업에 합당한 자녀로 만드는 것이 목적이지만, 자녀는 아버지를 통해서 자기 소망을 이루는 것이 목적입니다.

이렇게 자기가 원하는 것을 이루지 못하고, 자기 뜻대로 되지 않는 것을 사람들은 흔히 고난이라고 부릅니다. 그러나 고난을 그렇게 쉽게 얘기할 수는 없습니다. 아버지의 계획과 섭리에서 비롯된 것이라면 고난이 맞지만, 자기가 꿈꾸던 것을 이루지 못해서나 욕심을 부리다가 겪는 고통이라면 그냥 견디기 힘든 일일 뿐입니다. 그것까지 고난이라고 하는 것은 마땅치 않습니다. 빚보증을 잘못 섰다가 큰 고통을 겪는 것이 과연 하나님이 계획하신 고난일까요? 무리하게 투자했다가 재산을 다 날린 것이 하나님이 뜻하신 고난일까요? 아닙니다. 그저 고통일 뿐입니다.

고난이란 성령이 말씀하시는 바를 따라 살다가 겪는 어려움을 말합니다. 하나님은 우리의 고통을 사용하시는 분입니다. 이스라엘 백성이 애굽에서 부르짖을 때 들으시고 그 고통을 피할 길을 열어 주셨습니다. 우리가 고통 중에 하나님의 이름을 부를 때, 들으십니다.

대개 문제는 내가 만들지만, 해결은 하나님이 하십니다. 대부분 내 기대와는 다른 해결 방법을 쓰시긴 하지만, 하나님은 내 문제를 통해서 나를 빚으십니다. 심지어 문제를 일으키는 내 성품까지도 하나님의 목적을 위해 사용하십니다.


## 성령이 기도하시도록
## 자신을 내어 드리라

하나님의 목적은 우리로 하여금 하나님을 알게 하는 것입니다. 하나님을 아는 것이 구원이기 때문입니다. 하나님은 우리가 주님을 갈망하기까지 무슨 일이건 제 고집대로 하게 내버려 두십니다. 그러나 일단 하나님께로 돌이키면 기도를 가르치고 이끄십니다.

예수님이 주기도문을 가르쳐 주실 때, 제자들이 기도를 모르는 사람들이었을까요? 기도를 안 하는 사람들이었을까요? 그들도 열심히 기도하던 사람들입니다. 그런데도 그들에게 기도를 가르치셨습니다. 그리고 승천하신 후에는 성령을 보내어 성령이 친히 기도를 가르치고 인도하게 하셨습니다.

무엇보다도 그들을 하나님의 유업을 상속하기에 합당한 상속자로 빚으시기 위해서였습니다. 아버지는 자녀를 내버려 두지 않습니다. 사랑하는 사람을 그냥 버려두는 일은 없습니다.

나는 라면을 좋아합니다. 기도하면서 라면 생각을 했는데, 신기하게도 누가 와서 "목사님, 라면 드실래요?" 하고 묻는다면, 그것은 기도의 응답일까요? 사탄의 유혹일까요? 건강상 먹지 말아야 할 음식이 있습니다. 내게 라면이 그런 음식입니다. 우리 교역자들도 내게 어떤 음식이 나쁜지 알고 있습니다. 그래도 동생 같고 아들 같은 교역자들은 내가 너무 먹고 싶어 하면, 모른 체하고 나눠 주곤 합니다.

하지만 끝까지 안 주는 사람이 있습니다. 누구일까요? 바로 내 아내입니다. 내가 못마땅한 얼굴을 해도 개의치 않습니다. 아들들도 마찬가지입니다. 하루는 작은아들이 식단을 짜서 보냈는데, 식생활의 중요성을 강조하며 사진까지 곁들여서 보냈습니다. 내게 안 좋은 음식은 모조리 뺀 식단이었습니다. 그것을 보고, "이젠 아들한테도 야단맞는구나" 하고 혼자 웃었습니다. 사실, 아내와 아들들이 제 연약함을 돕느라 그런 것입니다.

성령도 우리를 이렇게 도우십니다. 바울이 그것을 깨달았습니다.

> 이와 같이 성령도 우리의 연약함을 도우시나니 우리는 마땅히 기도할 바를 알지 못하나 오직 성령이 말할 수 없는 탄식으로 우리를 위하여 친히 간구하시느니라 롬 8:26

바울의 말처럼, 우리는 마땅히 기도할 바를 알지 못합니다. 자신의 기도 제목이 바른지 그른지도 제대로 분간하지 못합니다. 욕심이 앞을 가리고, 판단력이 흐려지면, 사리를 분별하지 못한 채 답답한 것마다 기도하게 됩니다.

그러나 성령이 기도를 분별해 주십니다. 말할 수 없는 탄식으로 우리를 위해 친히 간구하십니다. 놀랍지 않습니까? 누가 기도한다고 말합니까? 성령께서 기도한다고 말하고 있습니다. 누구를 위해서 말입니까? 나를 위해서입니다. 어디서 기도하십니까? 내 안에서 하십니다. 이것이 기도의 비밀입니다. 성령으로 기도한다는 것은 성령이 기도하시도록 자신을 내어 드리는 것입니다.

자기 생각과 판단과 의지대로 기도하는 것이 좋은 기도라는 보장이 없습니다. 우리는 마땅히 구할 바를 알지 못하는 사람들입니다. 특히 자녀를 위해 기도해 보면 그렇습니다. 자녀를 위해 마땅히 구할 바를 찾지 못합니다. 그러면서도 떼쓰는 기도를 합니다. 열심히 기도하고 나서 자녀를 들들 볶습니다.

성령이 기도하시도록 맡기십시오. 부모의 역할은 아이가 낙심하지 않도록, 문제 있는 친구들과 가까이하지 않도록 사랑하고 또 사랑하는 것뿐입니다. 자녀를 위해 구할 것은 자녀의 믿음입니다. 자녀의 성령 충만입니다. 왜요? 자녀가 성령으로 기도하도록 돕는 것이야말로 최고의 사랑이기 때문입니다.

먼저, 성령께 간구하는 기도를 드리십시오. 생각과 마음이 아버지께 합하도록 인도해 달라고 기도하십시오. 성령의 뜻을 따라 기도할 때, 기도가 풍성해지는 것을 알게 될 것입니다.

**4**
chapter

## 기도의 목적

# 왜 기도의 자리로

# 이끄시는가

요나는 선지자이면서도 하나님께 불순종합니다. 니느웨로 가서 복음을 전하라는 하나님의 명령을 거부할 뿐만 아니라 일부러 하나님이 말씀하신 곳과 정반대 방향으로 가기로 결심합니다.

인간은 하나님을 거부할 수 있습니다. 선지자도 하나님의 명령을 거부할 수 있습니다. 하나님이 우리에게 순종하지 않을 자유, 심지어 죄를 택할 수도 있는 자유의지를 주셨기 때문입니다. 그 결과가 어떠하건 우리에게 자유의지를 주셨음에 감사합니다.

자유의지가 없으면 우리는 순종의 기쁨을 맛볼 수 없습니다. 서로 사랑하는 것도 불가능합니다. 지시와 명령에 반드시 따라야 하는 복종 관계에서는 사랑을 누릴 수 없습니다.

순종이 얼마나 큰 사랑의 기쁨인지는 순종해 본 사람만이 압니다. 왜 그렇게 어렵게 사랑을 하느냐고 묻지만, 그게 진정한 사랑이기 때문입니다.

주님이 서로 사랑하는 공동체를 교회 되게 하신 까닭은 서로에게 순종함으로써 이 땅에서는 맛볼 수 없는 기쁨을 선물로 주시기 위해서입니다. 이것을 깨닫는다면, 우리는 누구와도 부딪치지 않고, 자신을 고집하지 않은 채 하나님께 순종함으로써 사랑의 공동체를 이루어 갈 수 있을 것입니다. 그것이 교회입니다.

주님이 요나 이야기를 통해서, 불순종했더라도 어떻게 다시 기도의 자리에 앉게 되며, 기도의 자리에서 무엇을 기도해야 하는지를 가르쳐 주십니다.


## 기도의 골방으로
## 던지시는 하나님

요나는 풍랑 가운데 고난을 겪고, 결국 바다에 던져집니다. 불순종의 대가를 치른 것입니다. 그러나 하나님은 그를 위해 큰 물고기를 준비해 두셨습니다.

그가 물고기 배 속에서 하나님께 기도합니다. 인간은 하나님을 떠나서도 하나님을 찾습니다. 하나님의 말씀을 따르지 않아도 다급할 때는 하나님께 기도합니다. 이것이 인간의 실상입니다.

'참호 기도'라는 말이 있습니다. 전쟁터 한복판에서 참호 속에 들어가면, 누구나 신을 찾게 된다는 뜻입니다. 절박한 상황에서는 간절하게 기도하기 마련입니다.

요나는 불순종의 결과를 알면서도 불순종했습니다. 인간은 죄의 결과를 알면서도, 죄를 선택합니다. 그렇다면 죄인의 기도는 무엇입니까? 하나님이 마련해 두신 비상구입니다. 구원을 향한 비상 탈출로인 셈입니다.

주님을 따른다고 하면서도, 주님을 거스를 때가 있습니다. 반대로 불순종하면서도 기도할 때가 있습니다. 놀랍게도 주님은 불순종하는 자를 기도의 자리로 다시 불러 앉히심으로써 소명을 다시금 일깨워 주십니다.

결국, 불순종의 자리가 순종의 자리로 바뀌어 갑니다. 왜 순종을 신앙의 클라이맥스라고 합니까? 왜냐하면, 순종이 사랑의 클라이맥스이기도 하기 때문입니다.

강제로 누군가의 뜻을 꺾을 수 있습니다. 힘이나 능력으로 다른 사람을 굴복시킬 수 있습니다. 그러나 그것은 사랑의 관계가 아닙니다.

하나님은 왜 우리의 순종을 기다리십니까? 순종이 주는 기쁨을 맛보게 하기 위함입니다. 순종보다 더 큰 기쁨이 없기 때문입니다. 사랑하기에 주님의 뜻을 내가 알고, 주님이 내게 강요하지 않으시지만, 그 뜻을 따라갈 때 우리 안에서 맛보게 되는 기쁨은 세상 그 무엇과도 바꿀 수 없습니다.

> [1] 요나가 물고기 배 속에서 그의 하나님 여호와께 기도하여 [2] 이르되 내가 받는 고난으로 말미암아 여호와께 불러 아뢰었더니 주께서 내게 대답하셨고 내가 스올의 배 속에서 부르짖었더니 주께서 내 음성을 들으셨나이다 욘 2:1~2

요나는 자신이 하나님을 멀리 떠날 수 있다고 믿었습니다. 그래서 가장 먼 곳을 향해 정반대 방향으로 가기로 했습니다. 그러나 그 자리야말로 하나님과 가장 가까워지는 자리임을 누가 알았겠습니까?

그는 바다에 던져졌고, 죽음의 자리에까지 내려갔지만, 그곳에서 하나님과 가장 가까워졌습니다. 하나님과 가장 먼 곳이라고 할 수 있는 바로 그곳에서 말입니다.

왜 하나님이 우리를 고난으로 인도하십니까? 바로 거기서 하나님과 가장 가까워질 수 있기 때문입니다.

예수님은 우리에게 골방에 들어가서 기도하라고 가르쳐 주셨습니다(마 6:6). 골방이 어떤 곳입니까? 사람의 시선이 차단된 곳입니다. 하나님만 계신 곳이 바로 골방입니다. 가장 기도하기 좋은 골방은 어디입니까? 바로 절망의 자리입니다. 아무에게도 도움을 청할 수 없는 곳, 사방이 막혀서 아무것도 보이지 않는 곳입니다.

요나에게는 물고기 배 속만큼 좋은 골방이 없었습니다. 전심으로 기도할 수 있는 곳입니다. 시야에 오직 하나님만 가득한 곳입니다. 그곳에서 요나가 부르짖었고, 하나님이 들으셨습니다.

다윗은 우리가 부르짖는 자리가 곧 하나님이 들으시는 곳임을 깨달았습니다.

> 7 내가 주의 영을 떠나 어디로 가며 주의 앞에서 어디로 피하리이까 8 내가 하늘에 올라갈지라도 거기 계시며 스올에 내 자리

를 펼지라도 거기 계시니이다 ⁹ 내가 새벽 날개를 치며 바다 끝에 가서 거주할지라도 ¹⁰ 거기서도 주의 손이 나를 인도하시며 주의 오른손이 나를 붙드시리이다 시 139:7~10

어디를 가든, 어디에 있든 하나님이 가까이 계시다는 사실을 믿길 바랍니다. "어떻게 여기에 계시겠습니까?" 하고 묻지만, 거기에 계십니다. 어떻게 이곳까지 주님이 오시겠느냐고 의심하지 마십시오. 주님이 그곳에서 우리를 부르신 것입니다.

우리가 눈을 감는 곳이 바로 기도의 골방입니다. 절망 가운데서도 기도할 수 있고, 사방으로 욱여쌈을 당해도 기도할 수 있습니다. 주님이 곁에서 들으시기 때문입니다.

하나님은 우리 뜻이나 의지와 상관없이 우리를 절망 가운데 한 번씩 밀어 넣곤 하십니다. 큰 물고기 배 속 같은 곳, 스올이나 음부 같은 죽음의 자리로 몰아가기도 하십니다. 그때서야 우리가 전심으로 하나님을 찾고, 하나님을 바라보기 때문입니다. 그곳에서 하나님이 가장 가까이 계심을 경험하게 됩니다.

그러므로 부르짖음의 자리는 곧 구원의 자리입니다. 예전에 나이 드신 어른들이 자주 하던 속담이 있습니다. "호랑이에게 물려가도 정신만 차리면 산다." 믿음의 사람들에게도 같은 말을 할 수 있습니다. "절망 가운데서도 기도만 하면 산다." 그래서 이렇게 묻습니다. "기도할 수 있는데 왜 낙담합니까?"

주께서 나를 깊음 속 바다 가운데에 던지셨으므로 큰물이 나를
둘렀고 주의 파도와 큰 물결이 다 내 위에 넘쳤나이다 _욘 2:3_

요나가 바다에 던져진 것은 누구 탓입니까? 자기 탓입니다. 우
리가 부르짖어 기도하는 많은 부분은 대개 하나님 때문이 아니라
나 때문입니다. 내 불순종 때문이고, 내가 선택한 결과입니다.

인간은 죄를 선택합니다. 모르고 선택하지 않습니다. 대부분 알
고 선택합니다. 하와가 선악과가 뭔지도 모르고, 먹으면 어떻게 될
지도 모르고 먹었습니까? 알고도 먹었습니다. 어떻게 하나님이 나
를 여기까지 밀어 넣으시냐고요? 아닙니다. 하나님이 밀어 넣으신
게 아니라 자신이 그 자리에 기어들어 간 것입니다.

요나는 "주께서 나를 던지셨다"고 말하지만, 주님을 주어로 말
한다고 해서 자기 인생의 주인을 하나님으로 온전히 인정한다는
뜻은 아닙니다. 입으로는 주님이 주인이신 듯 말해도, 모든 환난과
고난의 책임을 하나님께 돌리는 태도를 쉽게 버리지 못합니다.

그러나 기도하면 하나님이 달라지시는 게 아니라 내가 달라집
니다. 기도한다고 해서 그 즉시로 상황이 바뀌지는 않지만 나는
달라질 수 있습니다. 하나님이 우리를 기도의 자리로 부르시는 까
닭은 우리에게 변화할 기회를 주시기 위함입니다.

기도의 자리는 인생의 주어가 바뀌는 자리입니다. 내가 주어가
되는 일상의 어법을 떠나 하나님이 주어가 되시는 자리입니다. 그
래서 기도는 인생 역전의 열쇠입니다. 누군가를 이기는 역전이 아

니라 하나님의 도우심으로 내가 나 자신을 이기는 역전입니다.

배신당하고 잠을 못 이루는 사람들이 있습니다. 모든 것을 잃고, 두려움과 절망 가운데 불안을 떨치지 못하는 사람들이 있습니다. 그들이 기도의 자리에 앉아 부르짖어 기도하면, 어떤 일이 일어납니까? 배신하는 자 뒤에 계신 분을 발견합니다. 절망 가운데 자기를 밀어 넣으신 분을 발견합니다.

그 순간에 심판이 목적이 아니고, 끝도 아님을 깨닫습니다. 심판은 구원의 전주곡입니다. 마치 수술대에 누운 환자와도 같습니다. 수술에 들어가기에 앞서 마취될 것입니다. 수술칼이 환자의 몸을 가를 것입니다. 고통스럽지만, 치유를 위한 고통입니다. 지금 고난 중에 있더라도 그것이 구원을 향한 터널에 불과함을 안다면, 평안할 수 있습니다.

요나는 어두운 물고기 배 속에서 자신을 인도하신 하나님의 손길을 발견합니다.

> 내가 말하기를 내가 주의 목전에서 쫓겨났을지라도 다시 주의 성전을 바라보겠다 하였나이다 욘 2:4

요나가 기도 중에 서원합니다. "주님이 나를 쫓아내실지라도 나는 주의 임재를 사모하겠습니다." 주님이 언제 그를 쫓아내셨습니까? 그를 쫓아오셨지 쫓아내시지는 않았습니다. 요나가 자기 발로 도망간 것입니다. 하나님과 멀어질 줄 알고 달려간 것입니다.

하나님과의 사이는 멀어질 수 없습니다. 자기 혼자서 멀어졌다 가까워졌다 느낄 뿐입니다. 주님이 항상 곁에 가까이 계시기 때문입니다.


## 기도의 자리에서
## 변화되다

기도의 자리는 하나님을 바꾸느라 씨름하는 자리가 아닙니다. 기도의 자리가 씨름의 자리인 것은 하나님이 바꾸고자 하시는 내가 자신을 붙들고 싸우는 자리이기 때문입니다. 하나님은 내가 바뀌기를 기다리며 하나님의 시간을 재고 계실 뿐입니다.

기도한다는 것은 곧 하나님이 가까이 계심을 의미합니다. 심판에 이르렀다는 것은 구원의 손길이 가까이 있다는 것을 의미합니다. 신기하게도 하나님은 우리가 불순종한 후, 기도를 통해 비상 탈출로를 보게 하십니다. 기도의 자리에서 구원을 경험하게 하십니다.

사방이 새까만 어둠뿐일지라도 비상구 표시등만은 꺼지지 않습니다. 저곳이 탈출구임을 알고, 가까이 계신 하나님을 더듬어 찾기 시작하는 것이 기도입니다.

요나는 도저히 하나님을 만날 수 없을 것만 같은 곳에 갇혔습니다. 그보다 더 절망적인 자리는 없었습니다. 그러나 그곳에서 하나님을 제일 가까이 만났으니 이것이 신비입니다.

하나님을 가까이서 만나고 싶습니까? 화려한 왕궁에서 하나님을 찾지 마십시오. 절망 가운데 있는 자들, 가난한 자들, 소외된 자들 곁에서 하나님을 찾으십시오.

인간은 제일 힘들 때, 하나님을 가장 갈망하는 법입니다. 편할 때 하나님을 갈망하면 얼마나 좋겠습니까? 언제나 그렇습니다. 자연 환경이 좋은 곳일수록 사람들이 교회와 멀어집니다. 오히려 척박한 환경일수록 사람들이 하나님과 더 가까워집니다. 여가가 많고, 쉼이 많을수록 하나님과 멀어집니다. 바쁘고 일이 많아 힘들어야 하나님과 더 가까워집니다.

> 5 물이 나를 영혼까지 둘렀사오며 깊음이 나를 에워싸고 바다 풀이 내 머리를 감쌌나이다 6 내가 산의 뿌리까지 내려갔사오며 땅이 그 빗장으로 나를 오래도록 막았사오나 나의 하나님 여호와여 주께서 내 생명을 구덩이에서 건지셨나이다 7 내 영혼이 내 속에서 피곤할 때에 내가 여호와를 생각하였더니 내 기도가 주께 이르렀사오며 주의 성전에 미쳤나이다 욘 2:5~7

하나님을 피해 달아나는 길은 내리막길입니다. 하나님과 멀어지는 길에는 오르막이 없습니다. 사람의 눈으로 보면 잘되는 것 같고, 세상눈으로 보면 성공한 것 같아도, 죽을힘을 다해 달려가는 곳이 내리막길입니다.

요나는 깊은 바다 가운데서도 가장 깊은 곳으로 내려갑니다. 하지만 하나님의 손이 미치지 않는 곳이 없습니다. 하나님을 향한 부르짖음이 들리지 않는 곳이 없습니다. 생각만 해도 하나님이 아십니다. 하나님을 갈망하는 마음을 품기만 해도 하나님이 아십니다.

그리고 하나님이 일하기 시작하십니다. 구원의 일을 시작하시는 것입니다. 요나를 건져 내실 것입니다. 하나님은 우리를 수렁에서 건지고, 스올에서 건지십니다.

찬송가 〈나 같은 죄인 살리신〉의 가사를 쓴 존 뉴턴(John Newton)도 그런 건짐을 받았습니다. 거친 바다에서 죽게 되었을 때, 그가 부르짖으며 눈물로 기도했습니다. 바다가 잠잠해졌고 그는 건짐을 받았습니다. 그 순간 사람이 변했습니다.

기도의 첫자리는 하나님을 기억하는 자리입니다. 하나님께 부르짖는 것입니다. 하나님은 우리 마음을 받기 원하십니다. 마음으로 주님을 생각하는 것이 기도입니다. 하나님을 잊지 않고, 하나님을 기억하는 것만큼 좋은 기도가 어디 있겠습니까? 주님의 임재 가운데 잠잠히 머물러 있는 것보다 더 아름다운 기도가 어디 있겠습니까?

그러나 우리는 기도하면서도 끝없이 자신을 생각합니다. 줄곧 자신을 묵상합니다.

"주여, 나를 풀어 주소서. 주여, 내 문제를 해결해 주소서. 주여, 내가 죽게 생겼나이다."

기도의 자리에서도 우리는 죽도록 자신을 붙들고 있습니다. 그러나 주님은 비상 탈출로를 가리키면서 자신을 내려놓고 저기로

가라고 말씀하십니다. 기도의 자리에서는 하나님만 생각하고, 하나님만 기억하십시오. 하나님의 마음과 하나가 되기를, 하나님의 뜻과 하나 되기를 원하십시오.

> [8] 거짓되고 헛된 것을 숭상하는 모든 자는 자기에게 베푸신 은혜를 버렸사오나 [9] 나는 감사하는 목소리로 주께 제사를 드리며 나의 서원을 주께 갚겠나이다 구원은 여호와께 속하였나이다 하니라 욘 2:8~9

요나는 자기 신앙의 현주소를 비로소 깨닫습니다. 자신이 큰 은혜를 받고도 얼마나 쉽게 은혜를 저버렸는지를 깨닫습니다. 그는 자기 믿음이 얼마나 거짓되며, 자신이 얼마나 헛된 것을 좇았는지 깨닫습니다.

그는 주께 서원을 갚겠다고 기도합니다. 무슨 서원입니까? 은혜를 갚겠다는 서원입니다. 은혜를 자기 안에 가두어 두지 않겠다는 서원입니다. 구원의 물줄기가 자신에게서 멈추지 않게 하겠다는 서원입니다. 요나가 드디어 변했습니다.

부르심의 자리가 곧 서원의 자리임을 깨달은 것입니다. 그는 은혜를 기억하고, 감사를 회복합니다. 그래서 기도의 자리는 절망의 자리가 아닙니다. 은혜와 감사를 경험하는 자리입니다. 은혜와 감사를 회복하고 서원하는 자리입니다.

놀랍지 않습니까? 이런 변화가 어디에서 일어납니까? 골방에서 일어납니다. 바로 기도의 자리에서 일어납니다.

요나가 복음을 선포합니다. "구원은 여호와께 속했습니다." 하나님은 구원의 하나님이십니다. 하나님은 온 민족을 구원하는 하나님이십니다. 하나님의 구원은 이스라엘 백성만을 위한 것이 아닙니다. 하나님의 구원은 나 하나를 위한 구원이 아닙니다. 하나님의 구원의 능력은 너무나 위대해서 그 넓이와 깊이를 다 알 수 없습니다.

요나의 기도에는 감사가 넘칩니다. 요나는 감사함으로 순종을 서원합니다. "하나님이 부르시는 곳이면 어디든 달려가겠습니다. 하나님이 보내시는 곳이라면 어디든 가겠습니다."

요나의 이야기는 우리에게 기도의 목적을 가르쳐 줍니다. 기도를 통해 변해야 할 사람이 누구인지를 알려 줍니다. 그는 고난 가운데 비로소 기도다운 기도를 드렸습니다. 그는 기도하면서 비로소 자신이 누구인지를 깨달았습니다.


## 좌우를 분변하지 못하는 자들

그러나 요나는 여전히 부족한 사람입니다. 한 번의 순종으로 완결되지 않는 것이 우리 신앙입니다.

요나는 내키지 않는 걸음을 내디디며 내키지 않는 목소리로 선포합니다. 누가 들으면 안 될 것처럼 복음을 선포합니다.

그러나 복음은 자기 목소리로 전하는 게 아닙니다. 복음은 자기 능력이 아닙니다. 들을 사람은 모깃소리로 얘기해도 천둥소리처럼 듣습니다. 듣지 않을 사람은 목이 터져라 부르짖어도 무슨 소리를 들었는지 기억도 못 합니다.

요나는 니느웨 백성이 회개하는 모습을 보고, 다시 실의에 빠집니다. 원수가 은혜받는 것을 보고는 자신이 받은 은혜를 쏟아버립니다.

우리 모습 같지 않습니까? 기도가 응답되었는데도 기쁘지 않을 때가 있습니다. 나중 된 자가 먼저 된 것을 보고, 시기할 때가 있습니다. 별로 기도하는 것 같지도 않은데, 나보다 더 잘 응답 받고, 더 잘되는 모습을 보면 마음이 불편해집니다.

하나님이 왜 기도에 응답하시는지를 작은 사건을 통해 요나와 우리에게 가르쳐 주십니다. 하나님은 요나의 머리를 가릴 박 넝쿨 하나를 주셨다가 거두어 가십니다.

> ¹⁰ 여호와께서 이르시되 네가 수고도 아니하였고 재배도 아니하였고 하룻밤에 났다가 하룻밤에 말라 버린 이 박 넝쿨을 아꼈거든 ¹¹ 하물며 이 큰 성읍 니느웨에는 좌우를 분변하지 못하는 자가 십이만여 명이요 가축도 많이 있나니 내가 어찌 아끼지 아니하겠느냐 하시니라 _욘 4:10~11_

이스라엘 백성이 선민의식에 빠져 있을 때, 하나님이 요나를 통해서 그들을 흔들어 깨우십니다. 우리가 불신자라고 부르는 사람들, 지옥에 가야 마땅하다고 말하는 저 사람들을 하나님은 "좌우를 분변하지 못하는 자들"이라고 부르십니다.

요나는 분명히 주님께 서원했습니다. 구원은 하나님께 속한 것이라고 선포까지 했습니다. 그러나 그를 니느웨로 보내기 위해 누가 수고하셨습니까? 요나가 고생한 것은 자기 고집, 자기 이기심 때문이었지만, 하나님은 요나 때문에 수고하셨습니다. 다시스로 가는 배와 풍랑과 물고기와 박 넝쿨을 준비해야만 하셨습니다.

하나님은 우리의 불순종 때문에, 우리를 돌이키기 위해, 우리를 바꾸기 위해, 얼마나 많은 준비를 하십니까?

우리는 누구 때문에 고생하지 않습니다. 불순종 때문에 스스로 고생할 뿐입니다. 우리는 누군가의 불순종 때문에 고생에 연루될 뿐입니다. 그러나 정말 고생하시는 분은 하나님 한 분이십니다. 오래 참고 오래 견디시는 분은 하나님 한 분뿐입니다.

하나님이 우리 기도에 응답하시건 응답을 지체하시건 응답의 목적은 구원입니다. 나를 건지시기 위함이고, 나를 통해 누군가를 건지시기 위함입니다.

그런데도 우리는 순간순간 잊습니다. 은혜를 잊고, 감사를 잊습니다. 서원까지 잊습니다. 그래서 하나님이 우리를 기도의 자리에 앉히십니다. 왜 기도해야 합니까? 그곳에서 내가 변하기 때문입니다.

기도의 자리에서 우리는 무엇을 위해 기도해야 합니까? 하나님은 우리에게 추수할 때가 된 들녘을 보여 주시고, 우리를 동역자로 부르십니다. 그리고 우리가 주님의 초청을 듣고 기꺼이 응답하기를 기다리십니다.

"때를 얻든지 못 얻든지 전도의 자리로 나아갈 수 있겠느냐? 좌우를 분변하지 못하는 저들에게 가겠느냐?"

## 순종할 때
## 깨닫는다

우리는 하나님이 변치 않으신다는 사실을 기억해야 합니다. 기도의 자리에서 씨름할 수 있는 것은 하나님이 변치 않으시는 분이기 때문입니다. 하나님이 져 주시는 것 같을 때가 있습니다. 끝까지 변하지 않겠다고 고집부릴 때, 하나님이 한숨 돌리도록 여유를 주시는 것뿐입니다. 잠시 붙들고 있던 샅바를 늦춰 주시는 것뿐입니다. 축복이라고 생각하지 마십시오. 숨 고르기 하고 계실 뿐입니다.

하나님은 순종을 기다리십니다. 하나님은 서원을 기다리십니다. 놀라운 사실은 그 서원을 이룰 수 있도록 모든 준비를 해 놓고 기다리신다는 것입니다.

주님이 우리의 서원을 기다리며 말씀하십니다.

35 너희는 넉 달이 지나야 추수할 때가 이르겠다 하지 아니하느

냐 그러나 나는 너희에게 이르노니 너희 눈을 들어 밭을 보라 희어져 추수하게 되었도다 <sup>36</sup> 거두는 자가 이미 삯도 받고 영생에 이르는 열매를 모으나니 이는 뿌리는 자와 거두는 자가 함께 즐거워하게 하려 함이라 요 4:35~36

하나님이 우리를 동역자로 부르시는 까닭은 주님께 동역자가 없어서가 아니라 우리에게 동역의 기쁨, 순종의 기쁨, 기도 응답의 기쁨을 맛보게 해 주시기 위함입니다. 주님이 우리를 동역자로 불러 주시는 것은 하나님의 놀라운 선물입니다.

고난이 축복인 까닭은 순종할 때 깨닫습니다. 순종의 기쁨은 이 세상 어디에서도 맛볼 수 없는 기쁨입니다. 순종은 진정한 동역의 기초입니다. 기도의 자리가 곧 순종을 위한 자리이며 하나님과의 동역을 결단하는 자리가 되기를 축복합니다.

바울이 순종의 사람 디모데에게 부탁합니다.

<sup>2</sup> 너는 말씀을 전파하라 때를 얻든지 못 얻든지 항상 힘쓰라 범사에 오래 참음과 가르침으로 경책하며 경계하며 권하라 <sup>3</sup> 때가 이르리니 사람이 바른 교훈을 받지 아니하며 귀가 가려워서 자기의 사욕을 따를 스승을 많이 두고 <sup>4</sup> 또 그 귀를 진리에서 돌이켜 허탄한 이야기를 따르리라 <sup>5</sup> 그러나 너는 모든 일에 신중하여 고난을 받으며 전도자의 일을 하며 네 직무를 다하라
딤후 4:2~5

요나의 이야기는 기도의 자리에서 사명을 확인하고자 하는 우리 모두에게 큰 소리로 말씀하시는 하나님의 음성입니다. 하나님이 보내려고 부르신 니느웨가 어디입니까? 가장 가기 싫은 곳이 있습니까? 가장 만나고 싶지 않은 사람이 있습니까? 가장 대화하고 싶지 않은 사람이 있습니까? 그 사람이 니느웨입니다.

"주님, 그 사람을 꼭 만나야 합니까? 그 사람에게 복음을 전해야 합니까?"

주님은 모깃소리로라도 전하라고 말씀하십니다. 그것을 위해 우리를 부르셨다고 말씀하십니다.

우리가 받을 자격이 있어서 복음을 주셨습니까? 자자손손 잘 먹고 잘살라고 주셨습니까? 기도의 자리에서 자신을 돌아보십시오. 순종하지 못하므로 순종의 기쁨을 알지 못하는 자신을 돌아보고 주님께 돌이키십시오. 정말로 주님께 순종하는 자가 되게 해 달라고 기도하십시오.

**5**
chapter

---

기도의 훼방

# 기도를 방해하는 자는

# 누구인가

왜 기도해야 합니까? 기도는 신앙의 첫자리이기 때문입니다. 또한, 회복의 자리이기 때문입니다. 왜 기도합니까? 기도에서 능력을 경험하기 때문입니다. 기도의 자리는 곧 능력의 자리입니다.

그런데 어떤 능력입니까? 변화 산의 이야기를 통해 살펴보겠습니다.

예수님이 베드로와 야고보와 요한을 데리고 높은 산에 기도하러 올라가셨습니다. 기도하다가 예수님의 모습이 변화했습니다. "얼굴이 해같이 빛나고 옷은 눈부시게"(마 17:2) 희어졌습니다. 게다가 예수님의 곁에는 모세와 엘리야가 있습니다. 제자들이 얼마나 놀랐겠습니까?

아무리 놀라운 광경을 봤더라도 하나님 앞에서는 침묵해야 마땅합니다. 그런데 베드로가 참지 못하고 말합니다.

주여 우리가 여기 있는 것이 좋사오니 만일 주께서 원하시면 내가 여기서 초막 셋을 짓되 하나는 주님을 위하여, 하나는 모세를 위하여, 하나는 엘리야를 위하여 하리이다 <sup>마 17:4</sup>

바로 그때, 하늘에서 "이는 내 사랑하는 아들이요 내 기뻐하는 자니 너희는 그의 말을 들으라" 하는 음성이 들려옵니다.

변화 산은 머물기 위해 올라간 곳이 아닙니다. 그곳에서 예수님은 자신이 십자가를 지신 후에 장차 어떻게 변화될지를 보여 주셨습니다. 기도의 자리에서 놀랍게 변화되는 모습을 보여 주신 것입니다.

## '할 수 있거든'의
## 오해

은혜를 받으면 은혜가 있는 곳에 머물고 싶은 법입니다. 교회에서 은혜를 맛보면 교회에서 살고 싶어집니다. 그런데 주님은 세상 속으로 들어가라고 말씀하십니다.

은혜는 그 자체가 목적이 아니기 때문입니다. 그것이 없으면 감당하지 못할 일을 해내라고 은혜를 부어 주십니다. 마찬가지로 우리에게 능력을 주시는 까닭은 하나님의 능력 없이는 하나님의 일을 감당할 수 없기 때문입니다.

그래서 하나님은 우리를 기도의 자리로 부르십니다. 은혜를 주고, 능력을 부어 주시기 위해서 말입니다.

무엇이건 고이면 썩는 법입니다. 향수가 상하면 그 냄새가 더 고약하듯이 은혜도 흘러가지 않으면 고약해집니다. 그래서 하나님은 은혜받은 사람이 은혜를 독차지하거나 은혜받은 사람들이 자기들끼리만 은혜를 누리면 흡으십니다. 하나님은 은혜의 산 위에 머물러 있지 말고, 산 아래로 내려가라고 재촉하십니다.

예수님의 변화를 목격한 제자들이 산에서 내려오니 한바탕 소란이 벌어지고 있었습니다. 제자들이 귀신 들린 아이를 놓고 서기관들과 입씨름을 벌입니다. 사람들이 제자들에게 귀신을 내쫓아 달라고 부탁했는데, 능히 쫓지 못하자 능력도 없으면서 사람들을 속이는 것이 아니냐고 해서 시비가 붙은 것입니다.

무리가 예수님께 자초지종을 고하니 예수님이 핀잔에 가까운 말씀을 하십니다.

"믿음이 없는 세대여 내가 얼마나 너희와 함께 있으며 얼마나 너희에게 참으리요" 막 9:19

그러고 나서 아이를 데려오라고 하십니다. 귀신 들린 아이가 예수님을 보더니 경련을 일으키며 땅에 엎드러져 구르고 거품을 뭅니다. 아이의 아버지가 보다 못해 예수님께 "귀신이 아이를 죽이려고 불과 물에 자주 던지곤 했으니, 하실 수만 있다면, 우리 아이를 불쌍히 여기시고 좀 도와주십시오" 하고 간청합니다.

그러자 예수님이 단호하게 말씀하십니다.

예수께서 이르시되 할 수 있거든이 무슨 말이냐 믿는 자에게는
능히 하지 못할 일이 없느니라 하시니 <sup>막 9:23</sup>

영어 성경(NIV)은 "'If you can?' said Jesus. 'Everything is possible
for him who believes'"라고 짧게 번역했습니다. 히브리어로는 몇 단
어밖에 쓰이지 않았습니다. 직역하면, "'할 수 있거든'이라고 했느
냐? 믿는 자에게는 모든 게 가능하다"입니다.

믿음에는 긍정적인 힘이 있습니다. 그러나 긍정의 힘이 믿음은
아닙니다. 믿음은 믿는 대상에게서 비롯되기 때문입니다. 긍정의
힘은 스스로 낼 수 있지만, 믿음은 하나님에게서만 날 수 있습니다.

그런데도 어떤 사람들은 "나는 할 수 있다. 할 수 있다. 할 수 있
다"를 반복하면, 정말로 할 수 있게 된다는 '긍정의 힘'을 신봉하기
도 합니다. 한때 베스트셀러였던 론다 번(Rhonda Byrne)의 《더 시크
릿》(The Secret)이 그런 힘을 주장한 바 있습니다. 우주의 힘을 끌어
다가 쓸 수 있다고 말입니다. 요가도 마찬가지 원리입니다. 누구나
신이 될 수 있다고 말합니다. 자기 안에 있는 자원뿐 아니라 온 우
주의 힘을 끌어다 쓰라고 말합니다. 긍정의 힘이라는 신화는 모든
이단 종교에서 나오는, 연원이 매우 깊은 오래된 이야기입니다.

왜 귀신 들린 아이의 아버지가 "하실 수 있거든"이라고 말했겠
습니까? 예수님을 사람으로만 봤기 때문입니다. 사람에게는 할 수
있는 일과 할 수 없는 일이 있습니다. 그러나 하나님께는 능치 못
함이 없습니다.

우리에게 믿음이 있으면, 모든 일에 대해 긍정적일 수 있습니다. 믿음이 있는 사람은 불평하지 않습니다. 믿음이 있는 사람은 하나님을 위한 것이 아니라면 딱히 분노할 일도 없습니다. 자신에게서 비롯된 믿음이 아니라 하나님이 주신 믿음이기 때문입니다. 하나님을 긍정하고, 주시는 믿음을 받아들여야 비로소 믿음의 사건이 일어납니다.

전지전능하신 하나님이 내 안에 들어와 친히 일하시게 해 드리는 것이 믿음의 본질 아닙니까? 그 일은 기도의 자리에서만 일어날 수 있습니다. 기도를 통해서만 그런 믿음의 자리에 이를 수 있기 때문입니다.

그런 점에서 기도란 무엇입니까? 자기부정의 시간입니다. 자기를 추구하는 시간이 아니라는 것입니다. 값없이 나를 받아 주신 하나님께 감격한 나머지 내 전부를 내어 드리는 시간입니다.

"믿는 자에게는 능히 하지 못할 일이 없느니라"라고 하신 말씀의 의미를 바르게 이해해야 합니다. 믿으면 다 된다는데 얼마나 좋습니까? 그러나 정말 그렇습니까? 아무 믿음이나 상관없습니까? 아닙니다. 하나님을 믿는 믿음이어야 무슨 일이든지 해낼 수 있다는 뜻입니다.

진정한 믿음이란 하나님께 자신을 온전히 내어 맡겨 드리는 것입니다. 그럴 때, 하나님이 우리를 통해서 일하기 시작하십니다. 어떻게 하나님의 독생자이신 예수님께 할 수 있거든 하시고, 할 수 없으면 그만두시라고 말할 수 있습니까? 예수님이 어떤 분이신지 모르고 하는 소리입니다.

우리도 기도할 때, 하나님이 못하실 것 같은 일은 아예 아뢰지도 않지 않습니까? '내 생각에 이건 주님이라도 도저히 하실 수 없을 거야' 하며 자기 수준의 기도를 드립니다.

그러나 어느 날 문득 모든 것을 내려놓고 선교사로 떠나는 사람들이 있습니다. 그들이 준비되어서 갑니까? 무슨 대단한 능력이 있어서 갑니까? 아닙니다. 오직 주님 한 분만을 믿고 갑니다. 주님에게는 능치 못할 일이 없으심을 알기에 가는 것입니다.

아브라함이 왜 믿음의 조상이 되었습니까? 자기 고향과 친척과 아버지의 집을 모두 뒤로 하고 주님만을 의지하여 떠났기 때문입니다. 전능하신 주님을 의지하면, 우리도 열방을 구할 수 있습니다.

이처럼 기도란 전적으로 하나님이 주인이심을 선언하는 행위입니다. 그러니 기도한다고 하면서도 점점 더 강퍅해지고, 점점 더 고집스러워지고, 점점 더 교만해진다면, 기도가 잘못돼도 한참 잘못됐다는 증거입니다. 그런 기도는 하면 할수록 유익이 아니라 해가 될 뿐입니다.


믿긴 믿지만
믿지 않는 믿음

모든 종교는 기도와 수행을 통해 영력, 즉 내공을 기르라고 가르칩니다. 그들에게 기도는 나의 자아를 극

대화하는 훈련입니다. 그래서 체력도 필요하다고 말합니다.

목사들 사이에 우스갯소리가 하나 있습니다. "지력, 체력, 영력, 이 세 가지는 항상 있을 것인데 그중의 제일은 체력이라." 물론, 농담일 뿐 진리는 아닙니다. 영적인 일을 위해서 필요한 것은 하나님이시지 체력이 아닙니다. 하나님은 체력이 없어도 그의 연약함을 들어 사용하십니다. 하나님은 손발이 없어도 그의 불구를 들어 사용하십니다.

나는 목회하면서 힘들 때마다 소천하신 하용조 목사님을 자주 생각합니다. 생전에 건강한 모습을 본 적이 없습니다. 간암 수술을 여덟 번 받고, 일주일에 세 번씩 신장 투석을 하면서도 할 일을 다 한 정도가 아니라 넘치도록 했습니다. 젊어서 결핵을 앓은 이후로 평생 '종합병원'이라는 별명을 달고 살았지만, 병에 짓눌린 모습을 보인 적이 없습니다.

그에게 무슨 체력이 있었겠습니까? 그런데도 단에 올라가면, 성한 사람보다 더 힘 있게 말씀을 전했습니다. 그는 자기 힘으로 단에 올라가지 않았습니다. 주님께 의지했을 뿐입니다. 늘 체력은 바닥이었지만, 하나님을 의지하는 믿음은 한순간도 변한 적이 없습니다.

온 성도가 하 목사님의 치유를 위해 한마음으로 기도했지만, 하나님은 그 기도를 들어주시지 않았습니다. 정작 목사님은 설교 시간에 "내게 병은 정말로 은혜입니다"라고 고백했습니다. 그러고는 "하나님이 나를 건강하게 해 주셨더라면, 아마 엄청 까불었을 겁니다"라고 말했습니다. 설교에서 '까불다'라는 표현을 들으니 놀랐습니다. 충격적이기까지 했습니다. 그는 병으로 육신이 약해졌으나 그로써 겸손을 배웠고, 병을 통해서 하나님이 일하시는 것을 봤다고 간증했습니다.

물론, 기도해서 병이 나은 사람의 간증도 많습니다. 가난했다가 큰돈을 벌었다는 간증도 있습니다. 하지만 그런 간증을 듣고 '세상에 안 되는 일이 없구나' 하고 생각하지 마십시오. 혹시 성경이 말하지 않는 일이라면 기도해서 이루었더라도 그것은 잘된 일이 아닙니다. 오히려 잘못된 일일 수 있음을 알게 됩니다.

하나님은 자녀에게 유익한 것만 주시는 분입니다. 하나님께 세상적인 것을 달라고 무작정 떼쓰지 마십시오. 자녀가 해 달라는 대로 다 해 주는 바람에 자녀를 버려 놓는 부모를 보지 못했습니까? 아이가 고집 피우는 대로 다 들어주는 것이 아이를 망치는 지름길이라는 것을 모릅니까? 어떤 아버지는 다 큰 아들이 술집에서 맞았다고, 사람들을 데려가서 보복했다고 합니다. 자녀의 억울함에 넘치도록 응답한 그 아버지처럼, 하나님도 우리 기도에 그렇게 응답해 주시기를 원합니까?

귀신 들린 아이의 아버지가 예수님의 말씀에 바로 대답합니다.

> 곧 그 아이의 아버지가 소리를 질러 이르되 내가 믿나이다 나의 믿음 없는 것을 도와주소서 하더라 막 9:24

얼마나 정직합니까? 그가 소리 지릅니다. "믿습니다! 나의 믿음 없음을 도와주십시오." 정직하지 않으면 어떻게 말하겠습니까? "믿지요. 잘 믿습니다. 믿으니까 찾아오지 않았습니까? 믿으니까 애를 데리고 여기까지 오지 않았겠습니까?" 구구절절 변명했을 것입니다.

그의 말을 직역하면, "믿습니다. 불신을 도와주십시오"입니다. 그런데 앞뒤 말이 어울립니까? 믿는데, 불신을 도와달라는 것이 말이 됩니까? 모순 아닙니까?

이것은 오늘날 수많은 그리스도인의 영적 상태를 정확히 짚은 말입니다. 바로 우리가 예수님께 청해야 할 말입니다. 믿기는 믿는데, 불신에 시달리고 있기 때문입니다. 기도해 놓고도 여전히 의심이 가시지 않습니다. 믿음이 없으면, 기도해도 될 일이 없습니다.

멸망한 북 이스라엘과 남 유다의 문제가 무엇이었습니까? 모두 하나님의 백성이었습니다. 하지만 그들은 하나님과 우상을 동시에 섬겼습니다. 하나님을 믿지 않은 게 아닙니다. 그렇다고 하나님을 온전히 믿은 것도 아닙니다. 믿긴 믿지만 믿지 않은 것입니다. 믿을 만한 거는 믿고, 안 믿을 만한 건 안 믿는 것입니다. 하나님께 여쭐 만한 건 아뢰지만, 나머지는 다 우상한테 가져간 것입니다.

우리는 하나님을 신뢰합니까? 아니면 돈을 신뢰합니까? 하나님을 전혀 안 믿는 것은 아닙니다. 우리도 하나님을 믿긴 믿습니다. 그러나 주님은 순도 100%의 믿음을 요구하십니다. 99%라도 온전하지 않으면 가짜 믿음입니다. 과연 우리 믿음의 순도는 몇 %입니까?

그나마 귀신 들린 아이의 아버지는 정직하게 말했습니다. "저는 그만한 믿음이 없습니다. 나의 불신을 도와주십시오. 하나님을 믿습니다. 그러나 이 믿음이 진짜 믿음 되게 도와주십시오." 예수님께 대한 자신의 불신을 고쳐 달라는 것입니다. 주님을 온전히 믿지 못하는, 어쭙잖은 믿음을 도와 달라는 것입니다. 참 정직한 사람입니다.

열왕기하 1장에 북 이스라엘의 8대 왕 아하시야와 엘리야 이야기가 나옵니다. 아하시야 왕이 난간에서 떨어져 다쳐서 침상에서 일어나지 못하게 되었습니다. 그가 에그론의 신 바알세붑에게 사자를 보내어 자기 병이 나을지 알아보게 했는데, 에그론은 블레셋의 최북단 도시입니다. 하나님이 엘리야에게 에그론으로 가고 있는 아하시야 왕의 사자들을 만나게 하셨습니다. 엘리야가 그들을 만나 꾸짖고 하나님의 말씀을 왕에게 전하게 했습니다.

> 여호와의 말씀이 이스라엘에 하나님이 없어서 네가 에그론의 신 바알세붑에게 물으려고 보내느냐 그러므로 네가 올라간 침상에서 내려오지 못할지라 네가 반드시 죽으리라 하셨다 하니라 왕하 1:6

우리와 아하시야 왕이 무엇이 다릅니까? 우리도 하나님을 믿습니다. 교회도 다닙니다. 그런데 마음속에는 하나님보다 더 의지하는 우상이 있습니다. 정말로 우리가 믿는 것은 무엇입니까? 하나님과 자기 자신 중에 누구를 더 믿습니까? 혹시 자신을 더 믿고 있지는 않습니까? 말씀과 상관없는 자기 욕망을 더 믿는 것은 아닙니까?

"제게 큰 건물을 주실 것을 믿습니다. 도와주십시오."

이런 기도를 드려서 빌딩 여럿을 갖게 된 사람이 있다면, 그의 믿음을 부러워하지 마십시오. 그런 성도가 헌금을 많이 하는 것도 기뻐하지 마십시오. 회중 앞에 나와 간증하라고 하지 마십시오.

차라리 우리는 이렇게 기도해야 합니다.

"주님을 믿긴 합니다만 구멍이 숭숭 뚫려 있는 내 믿음을 불쌍히 여겨 주십시오. 귀신들이 수시로 들락날락하는 불신의 구멍들을 제발 좀 막아 주십시오."

## 예수님이 귀신을 대하시는 법

사탄은 우리가 바른 믿음으로 기도하는 것을 제일 싫어합니다. 예수님 이름으로 기도하는 것을 제일 무서워합니다. 그래서 속삭입니다.

"일이나 열심히 해. 성경 읽지 말고 일만 해. 기도하지 말고 사역만 해."

사탄의 무리에게는 말씀을 붙들고 드리는 기도가 가장 뜨거운 불입니다. 성도들이 한마음으로 기도하는 교회에는 사탄이 발을 붙이지 못합니다. 한 길로 왔다가 일곱 길로 도망갑니다.

하지만 말씀 없이, 기도 없이 일만 하는 교회는 사탄의 밥이 됩니다. 이단 무리의 밥이 되고 맙니다. 성령으로 드리는 믿음의 기도, 말씀의 기도가 능력입니다.

예수님이 귀신 들린 아이에게 어떻게 하시는지 살펴봅시다.

> 25 예수께서 무리가 달려와 모이는 것을 보시고 그 더러운 귀신을 꾸짖어 이르시되 말 못 하고 못 듣는 귀신아 내가 네게 명하노니 그 아이에게서 나오고 다시 들어가지 말라 하시매 26 귀신이 소리 지르며 아이로 심히 경련을 일으키게 하고 나가니 그 아이가 죽은 것 같이 되어 많은 사람이 말하기를 죽었다 하나 27 예수께서 그 손을 잡아 일으키시니 이에 일어서니라 막 9:25~27

이것은 다음 장면을 연상하게 합니다.

> 21 이때로부터 예수 그리스도께서 자기가 예루살렘에 올라가 장로들과 대제사장들과 서기관들에게 많은 고난을 받고 죽임을 당하고 제삼 일에 살아나야 할 것을 제자들에게 비로소 나타내시니 22 베드로가 예수를 붙들고 항변하여 이르되 주여 그리 마옵소서 이 일이 결코 주께 미치지 아니하리이다 23 예수께서 돌이키시며 베드로에게 이르시되 사탄아 내 뒤로 물러가라 너는

나를 넘어지게 하는 자로다 네가 하나님의 일을 생각하지 아니
하고 도리어 사람의 일을 생각하는도다 하시고 마 16:21~23

예수님은 베드로에게 잠시 틈탔던 사탄을 꾸짖으셨듯이 아이
안에 있는 더러운 귀신을 꾸짖으십니다. 누구에게 명령하십니까?
귀신에게 명령하십니다. 귀신은 달래거나 설득하는 대상이 아닙
니다. 귀신과는 협상하지 않습니다. 악한 영은 내쫓아야 할 대상이
지 붙잡고 대화할 상대가 아닙니다. 그러다가는 귀신에게 사로잡
히기 십상입니다.

인간이 죄를 지으면, 왜 하나님과의 관계가 끊어집니까? 자기
집 안방에 귀신을 불러들였기 때문입니다. 귀신을 부른다는 것은
하나님을 떠나 귀신과 바람난 것과도 같습니다.

영적 존재는 사람의 동의 없이는 그의 내면에 들어가지 못 합니
다. 죄는 문을 열어 주지 않으면 못 들어옵니다. 단호하게 거절하
면 막을 수 있습니다. 죄와 동거하기를 허락하니까 죄가 들어오는
것입니다.

중독이 무엇입니까? 중독은 날마다 선택한 결과입니다. 게임 중
독, 알코올 중독, 음란 중독 등등 각종 중독은 매 순간 그것을 선택
했기에 빠지는 것입니다. 어느 순간 문을 활짝 열어젖히고, 자신을
통째로 내어 준 탓입니다.

본래 인간은 감성, 이성, 영성을 지닌 인격체입니다. 인격체란
자신의 감정과 이성과 의지를 통제할 수 있다는 뜻입니다. 하나님

이 그런 놀라운 능력을 인간에게만 부여하셨습니다.

그런데 악한 영은 놀랍게도 우리를 비인격적인 존재로 만들어 버립니다. 비인격적인 존재가 된다는 것은 하나님이 주신 능력을 상실한다는 뜻입니다. 사탄에게 중심을 내줌으로써 죄를 묵상하게 됩니다.

사람들이 서로 죽이고, 빼앗고, 속이고, 거짓말하고, 강압적으로 대하는 것은 그들 안에 악한 영이 있다는 사인이 아니고 무엇이겠습니까? 왜 입을 열었다 하면, 거짓말만 합니까? 두렵기 때문입니다. 두렵게 하는 영이 그 안에 있기 때문입니다. 왜 날마다 음란물을 보지 않으면 몸살이 납니까? 그 안에 음란의 영이 있기 때문입니다. 왜 걸핏하면 짜증 부리고, 화를 냅니까? 그 안에 분노케 하는 영이 들어왔기 때문입니다. 영이 깨어 있지 않으면 악한 영에 사로잡히고 맙니다.

사탄은 특히 청소년들을 노리고 접근합니다. 그들에게 분노를 일으키고, 파괴를 부추깁니다. 음악으로 그들의 영혼을 사로잡습니다. 음란으로 이끕니다. 아직 인격이 미성숙하기 때문입니다. 사탄은 끝없이 두려움을 주고, 죽음의 열매를 맺게 합니다.

그러나 하나님께 자신을 내어 드리면 그분이 원하는 대로 일하시지 않겠습니까? 성령이 사탄이 더럽힌 모든 능력을 정화하십니다. 끝없는 평안을 주시며, 생명의 열매를 맺게 하십니다.

출애굽 한 이스라엘 백성에게 하나님이 광야에서 무엇을 주셨습니까? 십계명을 주셨습니다. 그리고 그들을 하나님 백성으로 인치셨습니다. 하나님 백성이 될 자격은 무엇입니까? 십계명을 지키는 것입니다.

왜 계명을 지키게 하십니까? 하나님을 위해서입니까? 우리를 위해서입니다. 교통 법규를 지키는 이유가 과연 벌금 고지서 때문입니까? 자신의 안전 때문입니까? 하나님은 십계명을 주어 하나님의 백성으로서의 정체성을 가르치셨습니다.

계명을 지키지 않는 것은 귀신을 부르는 것과도 같습니다. 살인하고, 간음하고, 도적질하고, 거짓말하고, 탐욕을 부릴 때마다 귀신을 불러들이는 것입니다. 한번 불러들이면 갈수록 심해지는 귀신들을 어떻게 상대하겠습니까?

예수님이 귀신을 꾸짖으시자, 아이가 경련을 일으키며 쓰러져 죽은 듯이 보였습니다. 사람들이 죽었다고 수군대는데, 예수님이 아이를 잡아 일으키십니다.

이처럼 귀신이 나가면 죽은 것처럼 보일 수 있습니다. 붙들고 있던 귀신이 완전히 나가면, 죽은 듯이 되어 살맛이 안 날 수도 있습니다. 그때 주님이 다시 일으켜 주십니다. 내가 죽어야만 주님이 다시 일으켜 주십니다. 죽지 않으니 문제입니다.

> [28] 집에 들어가시매 제자들이 조용히 묻자오되 우리는 어찌하여 능히 그 귀신을 쫓아내지 못하였나이까 [29] 이르시되 기도 외에 다른 것으로는 이런 종류가 나갈 수 없느니라 하시니라
>
> 막 9:28~29

서기관들에게 창피를 당한 제자들이 기가 죽어서 예수님께 묻습니다.

"예수님, 우리는 왜 안 됩니까?"

예수님이 "내 불신을 도와주십시오" 하고 간청한 아이 아버지에게 하신 말씀에 답이 있지 않습니까? 그러나 제자들은 보고도 보지 못하고, 들어도 깨닫지 못합니다. 그런 제자들을 예수님은 어디까지 데리고 가십니까? 십자가까지 데리고 가십니다.

예수님이 제자들에게 다시 말씀해 주십니다.

"귀신을 쫓는 길은 기도하는 것밖에는 없다."

제자들이 기도를 안 했을까요? 예수님께 기도를 가르쳐 달라고 했던 제자들이 기도를 안 했겠습니까? 그들은 그전에도 기도했고, 이제도 주님께 배운 대로 기도했을 것입니다. 그런데도 아무 일도 일어나지 않았습니다.

주님이 두 가지를 가르쳐 주십니다. 기도 외에는 귀신을 내쫓을 길이 없다는 진실과 보통 기도 가지고는 귀신이 떠나지 않는다는 사실입니다.

영적 전쟁은 누구의 힘으로 해야 합니까? 사람의 힘으로는 백전백패할 뿐입니다. 주님의 힘으로만 승리할 수 있습니다. 기도라는 형식의 자기 수양으로 내공을 쌓으면, 자기 뜻은 이룰지 모릅니다. 심지어 병이 나을 수도 있습니다. 그러나 하나님이 아니고서는 영원한 생명을 얻을 수 없습니다.

사도 바울은 자신의 연약함이 하나님 능력의 통로가 된다는 사실을 알기에 "내가 나 된 것은 하나님의 은혜"(고전 15:10)라고 고백할 수 있었습니다. 자기 삶에 감사하십시오. 돈이 없으면 없는 대로 은혜입니다. 오히려 돈이 밀려오면 큰일 납니다. 오히려 바라는 대로 다 이루어지는 것이 제일 위험합니다.


## 기도와 금식의 뿌리는
## 하나다

주님은 기도의 방법과 기도에 필요한 자세와 제목을 이미 다 가르쳐 주셨습니다. 그런데 제자들이 아직 못 알아듣고 헤맬 뿐입니다. 이것은 믿음의 문제입니다.

예수님은 제자들에게 "너희는 왜 아직도 믿음이 없는 세대와 다를 바 없이 흔들리느냐? 내가 언제까지 너희와 함께 있겠느냐?" 하고 자주 말씀하셨습니다. 그들의 믿음이 약함을 아시고, 십자가를 지기 전날 밤에도 제자들의 믿음을 위해 기도하셨습니다.

마가복음 9장과 같은 내용이 마태복음 17장에도 있습니다. 여기서 중요한 단서를 하나 발견합니다.

> [20] 이르시되 너희 믿음이 작은 까닭이니라 진실로 너희에게 이르노니 만일 너희에게 믿음이 겨자씨 한 알 만큼만 있어도 이 산을 명하여 여기서 저기로 옮겨지라 하면 옮겨질 것이요 또 너희가 못할 것이 없으리라 [21] (없음) 마 17:20~21

21절은 내용 없음으로 표기되어 있지만, 난외주에 "기도와 금식이 아니면 이런 유가 나가지 아니하느니라"라고 쓰여 있습니다. 금식하며 하는 기도에 강력한 능력이 있다는 것입니다. 금식한다는 것은 육신의 생명을 버릴 각오가 되어 있다는 뜻 아닙니까?

예수님은 40일 금식으로 공생애를 시작하셨습니다. 사탄이 "네가 만일 하나님의 아들이어든 명하여 이 돌들로 떡덩이가 되게 하라"(마 4:3)라고 공격했지만, 예수님이 무어라 대답하셨습니까?

> 사람이 떡으로만 살 것이 아니요 하나님의 입으로부터 나오는
> 모든 말씀으로 살 것이라 마 4:4

떡으로만 살지 않고, 하나님의 말씀으로 사는 존재가 바로 하나님 백성의 정체성입니다.

나는 이 시대가 금식의 능력을 잃어버린 것에 안타까움을 느낍니다. 기도와 금식의 뿌리는 하나입니다. 기도는 내가 부정되는 자리이고, 금식은 내 생명이 부정되는 자리입니다. 금식은 나의 주인은 내가 아니라 하나님이심을 선언하는 행위입니다. 그래서 기도와 금식을 함께하면 큰 힘을 발휘하는 것입니다.

모든 종교가 이 능력을 활용하고 있습니다. 그런데 예수님은 "금식할 때에 너희는 외식하는 자들과 같이 슬픈 기색을 보이지 말라"(마 6:16)라고 주의를 주십니다. 이방 종교인이나 외식하는 자들은 "금식하는 것을 사람에게 보이려고" 하기 때문입니다. 단순

히 음식을 먹지 않는 것은 단식이지 금식이 아닙니다. 단식은 육신의 건강을 위한 것이지만, 금식은 영적인 유익을 위해서입니다.

주님께 자신을 번제물처럼 온전히 내어 드리는 것이 기도와 금식의 출발점입니다. 기도와 금식은 자기 영육을 위해서 하는 게 아니라 자신을 부인하기 위해서 하는 것입니다. 자기를 부인할 때, 하나님이 강력하게 일하시기 시작합니다.

예수님은 제자들도 눈치채지 못하는 금식을 하곤 하셨습니다. 사마리아에 있는 수가라 하는 동네 우물가에서 사마리아 여인과 대화를 나누셨을 때, 양식을 구하러 동네에 들어갔던 제자들이 돌아와 주님께 음식을 권하자 주님이 대답하셨습니다.

> 32 이르시되 내게는 너희가 알지 못하는 먹을 양식이 있느니라
> 33 제자들이 서로 말하되 누가 잡수실 것을 갖다 드렸는가 하니
> 34 예수께서 이르시되 나의 양식은 나를 보내신 이의 뜻을 행하며 그의 일을 온전히 이루는 이것이니라 요 4:32~34

금식은 하나님께 자신을 조용히 내어 드리는 행위입니다. 말없이 드리는 기도입니다. 금식하며 기도하면, 하나님이 하늘의 양식으로 채워 주실 것입니다. 기도로써 주의 능력이 나를 사로잡으면, 내가 일하는 것이 아니라 성령이 일하시는 것을 알게 될 것입니다. 그때 이렇게 고백할 것입니다.

"내가 한 것은 아무것도 없습니다. 아버지께서 다 하셨습니다."

**6**
chapter

───────────────────

기도의 동역

═══
═══
═══
═══
═══
──
──
──
──
──
──

# 왜 함께 기도해야
# 하는가

기도 생활은 결코 쉽지 않습니다. 기도는 죄인의 본성이 아니기 때문입니다. 죄란 하나님 없이도 자기 혼자 잘할 수 있다는 생각에서 비롯됩니다. 죄인은 하나님을 떠나 하나님 없이 살기로 결정한 사람입니다. 당연히 하나님을 의지할 이유가 없고, 기도할 필요도 없습니다. 그러니 기도는 죄인의 본성을 거스르는 일입니다.

그러나 역설적으로 기도만이 우리 본성을 꺾을 수 있습니다. 왜 기도합니까? 주님이 아버지이시기 때문입니다. 기도의 자리에서 하나님 아버지를 향한 사랑과 믿음으로 자기 본성을 거스르고, 자기 성정을 꺾음으로써 변화가 시작됩니다.

우리는 기도를 통해 능력을 경험합니다. 기도를 통해 자기 힘으로는 할 수 없는 놀라운 일을 해낼 능력을 얻습니다. 그래서 기도하면 사람이 달라지는 것입니다. 마음과 생각과 태도가 달라지고, 자기 능력을 넘어선 하나님의 능력을 얻으니 달라집니다.

기도의 자리에서 믿음을 새롭게 하기를 바랍니다. 말씀을 통해 믿음을 다지고, 기도를 통해 믿음을 성장시키십시오. 늘 하던 일상적인 기도를 넘어서 아버지의 뜻을 따라 구하는 기도를 하십시오. 아버지의 영광을 위해 기도하십시오. 이 땅 가운데 하나님 나라가 임하도록 기도할 때, 자신뿐 아니라, 자신이 속한 공동체뿐 아니라, 나라와 민족이 변화하기를 간절히 원하는 마음의 기도에 하나님이 응답해 주실 것입니다.

사탄은 어떻게 해서든지 우리 기도를 방해하려고 할 것입니다. 그러나 기도의 자리를 떠나거나 기도를 멈추지 마십시오. 그것은 사탄이 노리는 바입니다.


## 기도에도
## 기본기가 있다

사탄은 우리 신앙을 막을 수는 없기에 신앙의 우선순위를 교묘하게 바꿔 놓습니다.

"기도할 시간이 어디 있니? 열심히 사역해라. 기도할 필요 있니? 성경 공부만 열심히 하면 되지."

그러나 성경 공부와 성경 읽는 것은 다릅니다. 말씀을 읽고, 그 말씀을 붙들고 기도하기를 바랍니다.

우리 교회는 창립 초기부터 아무것도 하지 말고, 성경만 읽자고 했습니다. 왜 그랬겠습니까? 우선순위가 뒤바뀌면 안 되기 때문입니다. 다른 일에 역점을 두면, 절대로 성경을 읽지 않습니다. 그 일을 다 하고 나서야 시간이 남으면 볼까 말까 합니다. 성경만 읽자고 해도, 성도의 3분의 1 정도밖에는 읽지 않았습니다. 그만큼 성경 읽기가 어렵습니다.

사탄이 제일 싫어하는 것이 성경 읽기이고, 제일 못하게 막는 것이 말씀대로 기도하는 것입니다. 사탄은 우리가 말씀대로 구하지 못하게 막고, 기도하지 못하게 훼방합니다. 기도의 자리에 앉아 보십시오. 자기도 모르게 딴생각에 빠집니다. 갑자기 전화벨이 울립니다. 누구나 경험하는 일 아닙니까? 끝까지 기도하기가 쉽던가요?

사탄은 생각에 온갖 가라지를 뿌려 놓습니다. 마음속의 쓴 뿌리가 올라오게 합니다. 기도하다가 갑자기 누군가를 떠올리며 괘씸하게 생각하게 됩니다. 모두 사탄의 전략입니다. 그런 식으로 우리 기도를 방해합니다. 그래서 기도는 훈련이고, 노역이며, 그 자체로 사역입니다.

그러나 사탄의 전략을 알면, 기도에 관한 태도를 고칠 수 있습니다. 우선순위를 바로잡을 수 있습니다.

우선순위가 바로잡힌 사람은 무슨 일이건 기도부터 먼저 합니다. 사람을 만나기 전에, 만나는 동안에, 만나고 나서도 기도합니다. 기도는 하나님과 동행한다는 증거입니다. 하나님과 동행하는 사람은 기도의 응답 여부보다 하나님이 자기 인생에 가장 먼저라는 사실을 더 중요하게 여깁니다. 하나님과의 은밀한 시간에서 큰 기쁨을 느낍니다. 그에게 기도는 의무가 아닌 기쁨입니다.

야고보 사도야말로 작정하고 기도한 사람이었습니다. 덕분에 그는 기도의 기쁨과 능력을 알았습니다. 하도 오랫동안 무릎 꿇고 기도해서 별명이 '늙은 낙타 무릎'이었다고 합니다. 그렇게 기도한 결과, 어떻게 되었을까요? 결국, 위대한 순교자의 자리에까지 갔습니다.

자기 힘으로는 도무지 갈 수 없는, 하나님께 가장 가까운 높은 곳이 있습니다. 가장 높고, 가장 아름다운 곳입니다. 모든 그리스도인이 향하는 곳인데, 그곳이 어떤 곳인지 알고 가야 합니다. 바로 십자가입니다.

그리스도인은 온 인류를 위해 자신을 대속물로 내놓으신 그리스도의 십자가까지 나아가야 합니다. 그러나 우리 본성이 과연 그 자리를 원하겠습니까? 기도하지 않고는 그곳에 이를 힘을 얻을 수 없습니다.

야고보 사도는 기도할 때 하나님의 능력이 어떻게 흘러드는지 가르쳐 줍니다.

> 너희 중에 고난당하는 자가 있느냐 그는 기도할 것이요 즐거워
> 하는 자가 있느냐 그는 찬송할지니라 약 5:13

그는 기도와 찬양을 같은 위치에 둡니다. 둘 다 하나님을 향한 신뢰를 나타내는 행위입니다. 야고보는 고난당할 때 기도하고, 기쁠 때 찬송하라고 말합니다.

찬송은 노래로 하는 기도입니다. 기도문이 노랫말이 되어 곡조

가 붙으면 그것이 찬송입니다. 그래서 슬플 때나 기쁠 때나 찬송하며 기도할 수 있습니다. 슬플 때도 기쁠 때도 늘 기도하는 사람은 이미 경지에 이른 사람입니다. 그에게는 기도가 곧 삶이요 예배입니다.

어떻게 그럴 수 있습니까? 아버지를 사랑하기 때문입니다. 사랑하면 조건이 사라집니다. 일이 잘될 때나 안 될 때나 한결같이 기도할 수 있습니다. 무슨 일을 하든지 하나님께 먼저 기도로 아뢰게 됩니다.

사람들은 어느 인생이나 고난이 있음을 압니다. 그러나 어디 고난뿐이겠습니까? 고난이 해결되는 것을 경험하기도 하고, 또 다른 고난이 오는 것을 경험하기도 합니다. 고난이 파도치듯 지나가는 것을 경험합니다.

고난 중에 우리가 해야 할 일은 기도와 찬송입니다. 혼자 있을 때도 찬송을 흥얼거릴 수 있기를 바랍니다. 기도와 찬송을 통해 하나님과 은밀한 교제를 나누십시오.

다양한 기도 모임에 참석하지만, 평소에는 기도하지 않는다면 기도에 능력이 있겠습니까? 하나님과의 친밀한 교제가 없다면, 기도 모임이라도 사람들의 교제 모임에 지나지 않습니다.

교회마다 중보기도 사역 부서가 없는 곳이 없습니다. 중보기도에는 위대한 힘이 있습니다. 그러나 골방에서 하나님과 나누는 은밀한 교제 없이는 버티며 기도하는 힘을 가질 수 없습니다. 하나님과의 은밀한 교제와 만남이 없다면, 회중 기도라도 형식에 지나지 않습니다.

우리는 대개 어려우면 기도하지만, 일이 잘 풀리면 기도의 자리를 떠납니다. 자기 본성으로 돌아가는 것입니다. 기도의 자리에서 점점 멀어집니다. 그러면 하나님과의 거리도 멀어지는 것 아닙니까?

야고보는 어려울 때뿐 아니라 일이 잘될 때일수록 더욱더 찬양하라고 권합니다. 아무 일 없이 평안할 때도 기도하는 것이 능력 있는 기도의 비밀입니다.


## 의사보다 먼저
## 불러야 할 사람들

그런데 왜 기도하기가 그토록 힘들까요? 답은 간단합니다. 사랑이 식었기 때문입니다. 남녀 간에 뜨겁게 사랑할 때는 어떻습니까? 무슨 부탁을 하건 기쁘게 응하고 허락합니다. 오히려 부탁을 하지 않으면 서운해합니다. 그런데 사랑이 식으면 어떻습니까? 작은 부탁에도 짜증을 냅니다. 그런 건 알아서 해결하라고 말합니다.

하나님은 왜 우리 기도를 듣는 걸 기뻐하실까요? 우리를 사랑하시기 때문입니다. 숨소리와 신음 소리까지도 다 들으십니다. 사랑하면 굳이 말하지 않아도 다 느끼지 않습니까? 사랑하면 둘만의 은밀한 시간을 원하기 마련입니다. 여러 사람이 모이는 것보다는 단둘이 있기를 원합니다. 사랑하는 사이는 그렇습니다. 하나님은 우리를 너무나 사랑하기에 기도의 자리에서 우리와 은밀히 만나기를 원하십니다.

그런데 우리는 기도하는 것이 힘들기만 합니다. 왜 그렇습니까? 하나님을 사랑하지 않기 때문입니다. 사랑이 식어서가 아니라 처음부터 사랑하지 않은 것입니다. 우리 성정에 하나님을 향한 사랑이 없기 때문입니다.

또 기도가 힘들어지는 이유는 무엇일까요? 신앙의 우선순위가 잘못되었기 때문입니다. 가장 중요한 일에는 반드시 시간을 내는 법입니다.

예전에 일선 기자로 일할 때, 부장이 저녁에 갑자기 취재 다녀오라고 하면, 친구와 선약이 있어도 바로 약속을 취소하거나 연기했습니다. 일이 우선이었기 때문입니다.

만약에 내일 새벽 6시 반에 대통령에게서 전화가 올 것이라는 연락을 받는다면, 제시간에 일어나지 못할까 봐 아예 밤을 지새울 것입니다. 가슴이 떨려서 전화 받기 전에 몇 번이고 심호흡할 것입니다.

그런데 기도의 자리에 가면서, 하나님을 만나는 데 기대가 없고 흥분이 없다면 무슨 까닭입니까? 사랑이 식었기 때문입니다. 기도에 시간을 내지 않는다면 기도가 우선순위에서 밀려나 있다는 뜻이고, 하나님에 대한 사랑이 식었다는 뜻입니다.

우리 교회는 몇 년간 오로지 성경 읽기만 했습니다. 성경 읽는 것을 신앙의 최우선으로 삼았기 때문입니다. 그동안 성경을 몇 차례 읽고, 말씀을 충분히 먹었기에 이제는 말씀을 붙들고 기도의 자리로 나아가야 합니다. 말씀을 따라 기도할 때가 되었습니다. 말씀의 인도를 받을 때가 되었습니다. 자기 생각과 욕심으로 기도하지 않고, 말씀을 따라 하나님의 뜻을 구하는 기도를 할 때가 된 것입니다.

기도를 최우선시하지 않으면 절대로 계속 기도할 수 없습니다. 기도가 익숙해지지 않으면, 한순간에 세상 방식으로 생각하고, 세상 기준으로 결정하고, 세상 관점으로 돌아갑니다. 기도하지 않으면 어떻게 됩니까? 분노하고, 절망하고, 원망하며, 쓴 뿌리가 깊어집니다. 세상 사람들과 전혀 다를 바 없는 상태로 전락합니다.

함께 기도하는 것에 익숙하지 않으면, 고난을 만나도 함께 기도할 믿음의 친구가 없고, 즐거운 일을 만나도 함께 찬양할 친구가 없습니다. 하지만 함께 기도하고 같이 찬양할 믿음의 형제자매들이 곁에 있으면 기쁨은 배가 되고, 고난은 반으로 줄어듭니다. 그래서 기도의 공동체가 필요합니다.

> 14 너희 중에 병든 자가 있느냐 그는 교회의 장로들을 청할 것이요 그들은 주의 이름으로 기름을 바르며 그를 위하여 기도할지니라 15 믿음의 기도는 병든 자를 구원하리니 주께서 그를 일으키시리라 혹시 죄를 범하였을지라도 사하심을 받으리라
>
> 약 5:14~15

야고보 사도는 병자를 위해 기도할 것을 권면합니다. 병이 무엇입니까? 병은 불통을 의미합니다. 몸에서 무엇인가가 잘 순환되지 않은 탓입니다. 막혔거나 상했거나 고장 난 것입니다. 병은 혼자 이겨 내기 어렵습니다. 특히 영적인 병은 더합니다.

야고보는 교회 장로를 청하라고 말합니다. 한 사람이 아니라 "장로들"입니다. 함께 가서, 함께 합심하여 기도할 때, 하나님이 응답해 주시면, 아무도 "내가 했다"라는 소리를 하지 못할 것 아닙니까? 혼자 기도해서 병자를 낫게 했다는 유혹에 빠지지 않도록 배려한 것입니다. 여기서 장로란 교회를 대신할 수 있는 사람들을 가리켜 부른 것입니다.

그러면 믿음을 가진 병자는 장로를 부르고, 의사는 부르지 말라는 뜻입니까? 아닙니다. 의사 대신에 장로를 부르라는 것이 아니라, 자기 힘으로 기도할 수 없을 때, 기도를 요청하라는 의미입니다. 급박한 상황이 아니라면, 먼저 하나님의 이름을 부르고, 하나님께 자기 병을 내어놓으라는 것입니다.

병원 심방을 가곤 합니다만 갈 때마다 안타까움을 느낍니다. 많은 경우에 의사들에게 도움을 받다가 마지막에야 목사를 부르는 일이 잦습니다. 중환자실에서 임종을 앞둔 병자를 위해 기도하려면 마음이 무척 무겁습니다.

초대교회에서는 장로들이 병자에게 가서 주의 이름을 부르며 기름을 발라 주고, 그를 위해 기도했습니다. 병자에게 기름을 바르는 것은 주술적인 행위가 아닙니다. 성령의 기름으로 은혜를 부어 달라는 뜻의 상징적인 의식일 뿐입니다. 기름을 바르는 것보다 더 중요한 것은 믿음의 기도를 드리는 것입니다.

그러니 병이 나서 아프면, 믿음의 친구들과 장로들과 목사들을 먼저 부르십시오. 함께 기도하고 나서 병원에 가 의사를 만나십시오. 그리고 성도는 아픈 사람이 있거든 찾아가서 그의 손을 잡고 기도하십시오. 그의 머리에 손을 얹고 안수기도 하십시오. 하나님의 은혜로 병이 낫는 것을 보면, 그 기쁨이 얼마나 크겠습니까? 병자에게는 또 얼마나 큰 간증이 되겠습니까?

암 투병에 성공한 사람의 이야기를 들은 적이 있습니다. 그는 믿지 않는 사람이었습니다. 처음에 암 진단을 받고는 갑자기 머릿속이 하얘졌다고 합니다. 아무것도 할 수 없는 상황이 된 것입니다. 곰곰이 생각해 보니, 살면서 저지른 잘못이 그렇게 많더랍니다. 많은 사람에게 잘못하며 살았다는 걸 깨닫고, 누군가에게 잘못한 일이 기억날 때마다 그에게 전화를 걸어서 사과했다고 합니다. 몇 달간 그렇게 했더니, 어느새 암이 나았다는 것입니다.

중요한 것은, 그가 암 진단을 받고서야 비로소 자기 죄와 직면했다는 것입니다. 그 사람은 믿는 사람이 아니기에 "회개"라는 말은 모르고, 스스로 "반성했다"라고 표현합니다. 인생을 돌아보며 반성했다는 것입니다. 이것이 바로 회개 아니겠습니까?

병이 나면, 하나님께 먼저 아뢰라는 이유가 무엇입니까? 모든 병이 죄와 관련 있는 건 아니지만, 많은 병이 죄와 관련이 있기 때문입니다. 그래서 먼저 믿음의 기도를 드리라는 것입니다.

# 죄가 기도의 능력을
# 제한한다

기도는 하나님의 매칭펀드(matching fund)입니다. 우리가 요만큼 기도하면, 하나님은 이만큼 응답하십니다. 보통 매칭펀드를 일대일로 생각하지만, 기도의 매칭펀드는 그렇지 않습니다. 우리는 작은 기도밖에 못 하는데, 하나님은 상상할 수 없을 규모의 응답을 준비하십니다. 부족함이 없으신 하나님과의 매칭펀드는 그렇습니다.

믿음으로 드리는 기도의 능력을 보십시오. 먼저, "병든 자를 구원"(약 5:15)합니다. 여기서 구원은 회복을 뜻합니다. 야고보는 주께서 그를 일으키실 것이라고 말합니다.

치유는 하나님의 능력이지 내 능력이 아닙니다. 그래서 믿음이 필요합니다. 믿음은 능력이 흐르는 수도관과도 같습니다. 수도관이 없으면 물을 보낼 수 없습니다. 수도관이 새면, 아무리 많은 물을 보내도 중간에 다 새 버리고 끝까지 물이 전해지지 않습니다.

믿음의 기도에는 '죄 용서'라는 놀라운 능력이 있습니다. 죄 용서는 하나님의 능력이 흐르게 하는 수도꼭지와도 같습니다. 관을 타고 온 능력이 마지막 꼭지에서 막히면 되겠습니까? 수원지에 물이 가득 차 있어도 내가 마시려면 수도관으로 물이 전달되어야 하고, 수도꼭지를 열어서 받을 수 있어야 합니다.

그러므로 기도의 능력을 경험하기 위해서는 하나님과의 관계에서 막힌 데가 없는지부터 살펴야 합니다. 문제가 있다면, 그것부터 해결해야 하지 않겠습니까? 죄가 있다면, 죄부터 해결해야 합니다.

수도꼭지를 여는 것은 죄를 토설하는 것을 의미합니다. 자기 죄를 솔직히 고백해야 합니다. 죄를 범했더라도 죄 사함을 받을 수 있습니다. 의인들의 간구와 믿음의 기도로 죄 용서를 받을 수 있습니다. 아브라함이 소돔과 고모라에서 의인 열 명을 구했던 이유가 그 때문입니다. 의인의 기도는 소돔과 고모라를 구원할 만큼 놀라운 능력이 있다는 사실을 넌지시 말해 줍니다.

예수님이 가버나움에서 말씀을 전하실 때, 사람들이 "그 계신 곳의 지붕을 뜯어 구멍을 내고 중풍병자가 누운 상을 달아"(막 2:4) 내렸습니다. 주님이 그들이 믿음을 보시고, 중풍병자에게 "작은 자야 네 죄 사함을 받았느니라"(막 2:5)라고 말씀해 주셨습니다. 중풍병자에게 안수기도를 해 주신 것도 아니고, 기름을 발라 주신 것도 아닙니다. 그런데 주님이 죄 사함을 선포하시자 병자가 나아서 상을 들고 걸어 나갔습니다. 죄 용서와 치유가 동시에 일어난다는 것을 보여 줍니다.

오늘날 많은 사람이 정신적인 질환에 시달리고 있습니다. 그중에 죄와 관련된 경우가 얼마나 많은지 모릅니다. 해결되지 않은 죄 문제로 괴로움이 더하고, 그 결과, 몸과 마음이 상하는 일이 얼마나 많습니까? 죄책감과 죄의식이 의식을 묶어 버리고, 그 때문에 생기를 잃고 생명력을 잃어 갑니다. 그러다가 결국 죽음에 이릅니다.

왜 예수님이 제자들의 발을 씻기시며 베드로에게 "내가 너를 씻어 주지 아니하면 네가 나와 상관이 없느니라"(요 13:8)라고 말씀하셨겠습니까? 날마다 발을 씻지 않으면, 즉 날마다 회개하지 않으면, 날마다 정결케 되지 않으면 하나님과 상관이 없어지기 때문입니다.

죄는 하나님과의 소통을 막고, 사람들과의 소통도 어렵게 합니다. 그래서 죄인들끼리는 소통이 불가능합니다. 서로 못 알아듣습니다. 끝까지 고집부리다가 결국 파국을 맞습니다. 왜 구원받아야 합니까? 하나님과의 불통이 삶 전체를 묶어 버리기 때문입니다.

> 그러므로 너희 죄를 서로 고백하며 병이 낫기를 위하여 서로 기도하라 의인의 간구는 역사하는 힘이 큼이니라 약 5:16

가톨릭에서는 "죄를 서로 고백하라"는 이 말씀을 근거로 고해성사를 합니다. 그러나 개신교는 이 말씀을 오히려 만인제사장의 근거로 삼습니다.

순서에 주목하십시오. 고백해야 할 죄가 있다면, 먼저 그 죄에서 돌이켜야 합니다. 치유를 위해 서로 기도해야 합니다.

기도의 자리에서 왜 회개해야 합니까? 왜 죄를 토설합니까? 그 죄가 우리를 짓누르지 못하게 하고, 그 죄에 묶이지 않기 위해서입니다. 나음을 입기 전에 우리가 해야 할 일은 죄에서 돌이키는 일입니다. 그러니 서로 자기 죄를 고백하라는 것입니다.

누군가에게 지은 죄를 하나님 앞에서만 붙들고 씨름하다가 결국은 그 사람과 원수지간이 된 사람을 본 적이 있습니다. 마음에 걸리는 게 있으면, 그 사람과 풀어야 하는 것 아닙니까? 근래 서로 죄를 고백하는 일이 사라져 갑니다. 그러나 때로는 하나님께 아뢰 듯 사람들에게 죄를 토설하는 것이 필요합니다.

예수님이 말씀하셨습니다.

> 23 그러므로 예물을 제단에 드리려다가 거기서 네 형제에게 원 망들을 만한 일이 있는 것이 생각나거든 24 예물을 제단 앞에 두고 먼저 가서 형제와 화목하고 그 후에 와서 예물을 드리라
>
> 마 5:23~24

예배드리다가도 싸운 일이 기억나면, 먼저 화해부터 하고 와야 합니다. 아니면 주님이 예배를 받지 않으시겠다는 것입니다. 다윗은 죄를 토설하지 않다가 급기야 "주의 손이 주야로 나를 누르시오니 내 진액이 빠져서 여름 가뭄에 마름 같이 되었나이다"(시 32:4)라는 고백을 했습니다. 죄를 털어놓지 않으면 이토록 고통스럽습니다.

## 하늘나라는
## 무릎으로 올라간다

야고보 사도가 엘리야의 이야기로 우

리를 격려합니다. 그도 우리와 같은 성정의 사람이었다는 것입니다. 얼마나 위로가 됩니까? 하나님의 사람이라도 본성이 우리와 다르지 않습니다.

> <sup>17</sup> 엘리야는 우리와 성정이 같은 사람이로되 그가 비가 오지 않기를 간절히 기도한즉 삼 년 육 개월 동안 땅에 비가 오지 아니하고 <sup>18</sup> 다시 기도하니 하늘이 비를 주고 땅이 열매를 맺었느니라 약 5:17~18

그런데 어떻게 그가 악한 왕을 징벌해 달라고 기도하면 가뭄이 들고, 다시 가뭄을 풀어 달라고 기도하면, 비가 오게 되었습니까? 왜 하나님은 그의 기도에 그렇게 응답해 주시는 겁니까?

왜 하나님이 엘리야의 기도는 응답해 주시고, 우리 기도는 응답해 주시지 않습니까? 엘리야는 하나님의 능력을 그토록 많이 받았는데, 왜 우리는 받지 못하느냐는 말입니다. 기도의 능력이 흘러야 할 관이 깨끗하지 못하거나 죄로 관이 막혔기 때문입니다.

아버지는 자녀에게 절대로 더러운 그릇에 밥을 담아 주지 않습니다. 자녀가 아무리 배고파해도 그릇을 깨끗하게 한 후에야 밥을 담아 주지 더러운 그릇에는 주지 않습니다. 하나님은 우리에게 능력을 부어 주길 원하시지만, 우리 그릇이 깨끗해질 때까지 기다리십니다.

하나님이 왜 어떤 기도에는 응답해 주시지 않는지 그 답을 역대하 16장에서 찾습니다. 선지자 하나니가 아사 왕에게 들려주는 말입니다.

> 그때에 선견자 하나니가 유다 왕 아사에게 나와서 그에게 이르되 왕이 아람 왕을 의지하고 왕의 하나님 여호와를 의지하지 아니하였으므로 아람 왕의 군대가 왕의 손에서 벗어났나이다
> 대하 16:7

유다 왕 아사는 35년간 나라를 잘 다스렸습니다. 하지만 북 이스라엘이 침공하자, 아람 왕 벤하닷에게 은금을 보내 도움을 청합니다. 그 도움으로 북 이스라엘이 라마 건축을 중단했습니다. 표면적으로는 승리한 듯 보였습니다.

그러나 이때 선견자 하나니가 바로 그 일 때문에 전쟁이 일어날 것이라고 경고합니다(대하 16:9). 아사 왕이 주님을 의지하지 않았기 때문입니다. 왕이 진노하여 하나니를 옥에 가두었습니다.

> 아사가 왕이 된 지 삼십구 년에 그의 발이 병들어 매우 위독했으나 병이 있을 때에 그가 여호와께 구하지 아니하고 의원들에게 구하였더라 대하 16:12

아사 왕이 재위 39년에 병이 들어 위독해졌습니다. 그러나 이번에도 하나님을 의지하지 않고 의사를 먼저 찾습니다. 그 뒤에 남

은 기록은 그의 죽음뿐입니다.

의사에게 먼저 도움을 청한 것이 죄가 아닙니다. 하나님께 먼저 구하지 않는 것이 죄입니다. 믿음이란 하나님을 최우선 자리에 모시는 것이기 때문입니다.

그리스도인은 모든 능력이 하나님께 있음을 고백해야 합니다. 능력이 임하는 믿음의 관을 깨끗이 하는 것이 신앙생활, 곧 성화입니다. 성화는 성령의 능력을 경험해 가는 과정이자 성령의 열매가 맺히는 것을 목격하는 과정이기도 합니다. 성화를 통해 사람들에게 구하던 습관에서 벗어나 하나님께 구하는 습관을 가지게 됩니다.

주님은 믿음의 사람들이 합심하여 구하는 중보기도의 능력에 관해 말씀해 주셨습니다.

> 5 너희 중에 누구든지 지혜가 부족하거든 모든 사람에게 후히 주시고 꾸짖지 아니하시는 하나님께 구하라 그리하면 주시리라 6 오직 믿음으로 구하고 조금도 의심하지 말라 의심하는 자는 마치 바람에 밀려 요동하는 바다 물결 같으니 7 이런 사람은 무엇이든지 주께 얻기를 생각하지 말라 8 두 마음을 품어 모든 일에 정함이 없는 자로다 약 1:5~8

> 18 진실로 너희에게 이르노니 무엇이든지 너희가 땅에서 매면 하늘에서도 매일 것이요 무엇이든지 땅에서 풀면 하늘에서도

풀리리라 [19] 진실로 다시 너희에게 이르노니 너희 중의 두 사람이 땅에서 합심하여 무엇이든지 구하면 하늘에 계신 내 아버지께서 그들을 위하여 이루게 하시리라 마 18:18~19

리처드 포스터(Richard Foster)는 "하늘나라는 무릎으로 올라간다"라고 말했습니다. 아마도 사도 야고보를 두고 한 말인 듯합니다. 의인의 간구는 힘이 있습니다. 의인 두세 사람의 간구는 더욱 힘 있습니다. 두 사람이 합심해서 구하면 아버지께서 이루실 것을 약속하십니다. 이 말씀을 붙들고 합심하여 기도하십시오.

하나님은 우리의 중보를 기다리십니다. 우리 기도를 들으시고 이 땅을 고쳐 주시겠다고 약속하십니다. 중보기도는 매칭펀드를 허락하시는 하나님의 결정입니다. 일대일 매칭펀드가 아니라 일대 백, 일대 천, 일대 무한대의 매칭펀드입니다. 기대되지 않습니까?

함께 기도하고 같이 찬양할 믿음의 형제자매들이 곁에 있으면

기쁨은 배가 되고, 고난은 반으로 줄어듭니다.

그래서 기도의 공동체가 필요합니다.

**7**
chapter

---

기도의 비전

# 무엇을 위한

# 기도인가

믿음으로 떠난 길인데도 고난을 겪고, 비전을 품고 가는데도 환난을 겪습니다. 믿음 안에서 왜 고난과 환난을 겪어야 합니까? 꿈이 없으면 고난도 없습니다. 비전이 없으면 환난도 없습니다. 꿈과 비전이 없다면, 모든 고통은 우연에 지나지 않습니다. 인생 전체가 우연이기에 따로 해석할 필요도 없습니다.

　짐승에게는 고난이 없습니다. 짐승도 고통을 겪고, 그 고통에서 빠져나오려고 필사의 노력을 다하지만, 고통을 해석할 능력은 없습니다. 먹이를 찾기 위해서나 새끼를 보호하기 위해서나 짝을 얻기 위해서 위험을 무릅쓰는 일은 있지만, 자유나 이상을 위해 목숨을 던지는 일은 없습니다. 본능 외에는 고통 속으로 뛰어들 이유가 없다는 점에서 인간과 다릅니다.

　하나님의 목적을 따라 지음 받은 인간은 하나님의 뜻을 이루기 위해 감당할 수 없는 고통 속으로 뛰어들기도 합니다. 그래서 고난과 환난을 겪습니다. 중요한 것은 하나님이 그것을 이겨 낼 힘을 주신다는 사실입니다. 인간은 고난이 지닌 의미와 높은 가치와 비전 때문에 기꺼이 인내하며 이겨 냅니다.

이 시대 그리스도인에게 주어진 고난이 믿음 안에서 해석되기를 바랍니다. 그로써 하나님의 뜻 안에서 분명히 승리할 수 있다는 확신을 갖게 되기를 바랍니다. 해석과 확신이 없으면, 가다가 흔들리고, 흔들려서 주저앉게 되기 때문입니다.

## 비전에는 반드시
## 유혹이 따른다

교회에 복 받으러 왔다가 자기가 기대한 바와 달라서 결국 믿음의 길에서 떠나는 사람들이 있습니다. 교회에 다니면, 고난에서 단숨에 벗어날 줄 알았는데, 생각했던 것과는 거리가 멀어 그냥 제 갈 길로 돌아가기도 합니다.

예수님은 기도로 사역을 시작하셨습니다. 세례를 받고 나서 성령에 이끌리어 마귀에게 시험을 받으러 광야로 향하셨습니다. 그곳에서 스스로 40일 금식기도를 시작하십니다. 고난을 자청하신 것입니다. 그러나 말씀으로 모든 고난을 이겨 내셨습니다.

우리 눈에는 예수님이 베푸신 놀라운 이적들이 크게 보이지만, 사실 그 뒤에는 주님의 치열한 기도가 있었습니다. 우리는 그것을 미처 보지 못합니다.

비전은 위로부터 옵니다. 신앙인은 땅의 것을 비전이라고 하지 않습니다. 가슴에 한 민족을 품는 비전을 받았다는 것은 지금 이곳에서는 되는 일이 없으니 그 땅에 가서 그들 위에 군림하며 평생 갑으로 살겠다는 것이 아닙니다.

한국 기독교 초기 몇몇 선교사들이 그 점을 회개했습니다. 한 미국인 선교사는 금강산 관광을 가기 위해 가마를 탔던 것을 회개했고, 또 다른 선교사는 입으로는 조선 민족을 사랑한다고 하면서 속으로 경멸했던 것을 회개했습니다.

과연 비전이란 무엇입니까? 진정한 비전은 여기서나 저기서나 사람을 사랑하며 살리는 일을 하는 것입니다. 사람을 회복시키는 것입니다. 회개하도록 돕고, 거듭나도록 돕는 일입니다. 말씀과 기도의 사람이 되도록 도와야 합니다.

사람을 살리는 비전을 공유한 곳이 바로 교회 공동체입니다. 예수님은 어떻게 하면 말씀과 기도로 공동체를 이룰 수 있는지 가르쳐 주셨습니다. 교회 공동체가 나아가야 할 방향도 분명히 보여 주셨습니다.

> 예수께서 나가사 습관을 따라 감람산에 가시매 제자들도 따라 갔더니 눅 22:39

예수님은 평생 어떻게 기도하셨습니까? 습관을 따라 기도하셨습니다. 새벽에도 밤에도 습관을 따라 기도하셨고, 기적을 베풀 때는 특별히 더 기도하셨습니다. 사람들의 시선이 집중될 때면 홀로 산으로 가서 기도하시기도 했습니다.

예수님의 모든 사역에는 그 아래 기도의 강이 흐르고 있습니다. 40일 금식기도로 공생애를 시작하시고, 겟세마네 동산에서 기도하며 마지막 십자가 사역을 준비하셨습니다. 예수님의 사역은 기도가 아니면 이루어지지 않고, 감당할 수도 없는 사역들이었습니다. 비전도 마찬가지입니다. 기도 없이는 이룰 수 없는 비전이었습니다. 인류의 죄를 홀로 짊어지는 비전을 누가 감히 생각이나 했겠습니까? 사람의 생각으로 되는 일이 아닙니다.

이스라엘 백성은 절기마다 예루살렘으로 올라가곤 했습니다. 예수님은 유월절에 맞춰 십자가를 지기 위해 제자들과 함께 예루살렘으로 들어가십니다. 예루살렘에 올 때마다 습관적으로 기도하러 갔던 감람산에 제자들과 함께 올라가십니다.

감람산은 예루살렘이 내려다보이는 해발 800m 높이의 산입니다. 감람산 서편 기슭에 겟세마네 동산이 있습니다. 겟네마네는 "기름을 짜는 틀"이란 뜻입니다. 그곳에서 기름을 짜듯 몸과 영을 쥐어짜는 기도를 하신 것입니다.

기도는 위로부터 오는 하나님의 뜻을 비전으로 품게 합니다. 일단 비전을 품으면, 신기하게도 내가 비전을 이루는 것이 아니라 비전이 나를 이루어 갑니다.

어떻게 그런 일이 일어납니까? 비전을 위해 기도하기 때문입니다. 제힘으로 이룰 수 있는 것은 비전이 아닙니다. 성경의 비전은 하나님의 언약이고, 구원을 위한 하나님의 결단입니다. 그래서 기도해야 합니다. 기도만이 비전의 길에서 벗어나지 않게 방향을 잡아 주기 때문입니다.

> 그곳에 이르러 그들에게 이르시되 유혹에 빠지지 않게 기도하라 하시고 눅 22:40

비전을 추구하면, 반드시 따르는 것이 있습니다. 바로 유혹입니다. 예수님은 비전의 길을 걸으면서 유혹을 수도 없이 경험하셨습니다. 그래서 제자들에게 기도의 중요성을 가르쳐 주십니다.

유혹이란 비전을 향해 가다가도 죄악의 곁길로 빠지게 하는 충동입니다. 유혹이라는 덫에 걸려드는 것은 죽음을 자초하는 것입니다. 사탄의 목적은 죽이고 빼앗는 것입니다. 비전을 빼앗기 위해 상상할 수 없을 정도로 유혹합니다.

하나님은 때로 인간을 시험하시지만, 유혹하시는 일은 절대 없습니다. 사탄은 인간을 유혹하지만, 비전을 주는 일은 절대 없습니다. 자기 욕심을 비전으로 착각하게 만들 뿐입니다.

예수님은 유혹에 빠지지 않기 위해서 기도하라고 말씀하십니다. 왜 깨어서 기도해야 합니까? 깨어서 기도하지 않으면, 유혹에 너무나도 쉽게 넘어가기 때문입니다. 특히 자기 뜻을 구하는 기도를 하는 사람은 유혹이 오면 못 견딥니다.

그러나 하나님의 비전을 품은 사람은 어떤 시련이나 고난이 닥쳐도 기도로 그것들을 꺾어 냅니다. 하나님의 비전에 이끌려 사는 인생은 기도의 자리에서 버틸 힘을 얻습니다.

기도의 자리를 벗어나면, 자기 뜻대로, 즉 본성대로 가기 마련입니다. 그래서 매일 아침, 십자가 앞에 무릎을 꿇고 본성을 꺾는 기도를 드려야 합니다. 십자가 앞에 무릎을 꿇는 기도가 있어야만 비로소 하나님이 주신 비전을 쫓아갈 수 있습니다.

하나님이 이 땅에 예수님을 보내 주신 것은 사람 살리는 일, 즉 교회를 주시기 위해서였습니다. 교회는 하나님의 비전입니다. 교회는 하나님의 꿈을 이루어 드리고, 하나님 나라를 이루기 위해서, 사람을 살리는 구원의 비전을 품습니다.

교회의 본질은 사람을 살리는 데 있습니다. 본질에서 벗어나면, 괜히 일이 많아집니다. 일이 많아지는 것을 경계해야 합니다. 일이라는 곁길에서 하나님의 비전을 잃어버리고 자기 욕망을 비전으로 합리화할 수 있기 때문입니다. 사람을 살리는 본질을 추구하는 일이 아니라면, 단호히 거절할 수 있어야 합니다.

교회를 향한 하나님의 비전이 어떻게 시작되었습니까? 예수 그리스도께서 하늘 보좌를 버리고 내려오신 데서부터 시작되지 않았습니까? 그 비전이 어떻게 잉태되었습니까? 말구유에서 태어나신 데서부터 시작되었습니다. 교회 탄생을 위해 이제 마지막 십자가 사역을 앞두고 있습니다.

하나님의 비전에는 타협이 없습니다. 그래서 예수님이 유혹에 빠지지 않게 기도하라고 말씀하십니다.

# 유혹은 마지막
# 순간까지 있다

예수님이 제자들과 멀찍이 떨어져서 기도하십니다.

> [41] 그들을 떠나 돌 던질 만큼 가서 무릎을 꿇고 기도하여 [42] 이르시되 아버지여 만일 아버지의 뜻이거든 이 잔을 내게서 옮기시옵소서 그러나 내 원대로 마시옵고 아버지의 원대로 되기를 원하나이다 하시니 눅 22:41~42

성육신의 삶은 무릎 꿇는 것처럼 하나님이 자신을 스스로 낮추신 삶입니다. 말구유에 태어나서, 식사할 겨를도 없이 바쁘게 사역하고, 흔들리는 배에서 잠이 들 정도로 피곤하게 돌아다니고, 먹을 것이 없어서 남의 밀밭을 지나다가 이삭을 잘라 비벼 먹기도 하고, 결국은 체포되어 채찍에 맞고 수치스럽게 죽임을 당하는 삶입니다.

왜 그렇게 사셨습니까? 하나님의 비전을 이루기 위해서입니다. 십자가의 길이 곧 비전의 길입니다.

예수님이 무릎 꿇고 무엇을 위해 기도하십니까? 비전의 길을 끝까지 갈 수 있게 도와달라고 기도하십니다. 이것은 무엇을 의미합니까? 마지막 순간까지 유혹이 있다는 것입니다. 사탄은 기도를 집요하게 방해합니다. 심지어 기도 중에도 유혹합니다.

"십자가를 꼭 져야만 할까? 그게 얼마나 끔찍한데…. 그래도 꼭 져야겠다면, 잠시만 매달렸다가 내려와. 그리고 나서 메시아의 보좌에 앉으면 되지."

예수님은 "내 원대로"가 아닌 "아버지의 원대로"라고 말씀하셨습니다. 예수님께 갈등이 없었다면, 이런 기도를 하시겠습니까? "내 원대로"란 "내 뜻대로"입니다. 예수님의 뜻이 무엇이겠습니까? 그 자리를 피하고 싶은 것 아니겠습니까?

예수님은 십자가에 못 박혀 죽은 지 사흘 만에 다시 일어나실 것을 이미 세 번 이상 말씀하셨습니다. 그런데도 왜 이런 말씀을 하십니까?

처음 성경을 읽을 때는 이 부분이 이해되지 않았습니다. 제자들에게 십자가를 지겠다고 공언하고, 여기까지 왔는데 왜 그러시는지 이해할 수 없었습니다.

예수님이 겟세마네 동산에 기도하러 가실 때, 어떤 심경이셨는지를 마태가 기록했습니다.

> ³⁷ 베드로와 세베대의 두 아들을 데리고 가실새 고민하고 슬퍼하사 ³⁸ 이에 말씀하시되 내 마음이 매우 고민하여 죽게 되었으니 너희는 여기 머물러 나와 함께 깨어 있으라 하시고
> 마 26:37~38

예수님은 베드로와 야고보와 요한에게 속마음을 그대로 내보

이십니다. "내가 너무 괴롭고 슬프다. 너무 괴로워서 죽을 것 같구나." 우리에게 친숙한 장면입니다. 이제 몇 시간 있으면, 십자가를 지기 위해 붙잡혀 가실 텐데, 이때 제자들에게 굳이 속마음을 털어놓으셔야 했을까요? 우리라면 이런 얘기를 하겠습니까?

나는 성경은 과장이 전혀 없이 온전히 사실만을 기록했다고 믿습니다. 이렇게 솔직한 것을 보면 알 수 있습니다. 예수님이 "괴로워서 죽을 것만 같다"라고 말씀하신 것까지 가감 없이 기록하고 있지 않습니까?

예수님을 위대한 인물로 그려 내고자 했다면, 이런 말씀은 빼놓고 편집했을 것입니다. 베드로나 바울을 위대한 신앙인으로 그리고자 했다면, 그들이 실수한 얘기는 다 제하고 편집했어야 합니다. 그러나 성경은 아브라함이건 다윗이건 있는 모습 그대로를 기록하고 있습니다.

왜 성경이 그렇게 모든 것을 있는 그대로 기록했습니까? 그들도 우리와 같은 성정을 가진 사람이기에 우리를 위해서 기록한 것입니다. 다 같은 성정을 가졌지만, 주님이 정련하듯이 그리스도인들을 빚어 가십니다.

고난이 무엇입니까? 정련할 때, 불을 끄지 않는 것이 고난입니다. 순도 100%의 금을 얻기까지는 불을 끌 수 없지 않겠습니까? 힘들다고 불을 꺼서야 철이 제련되겠습니까? 그러니 죽을 것 같아도 끝까지 가야 합니다.

예수님은 자기 뜻을 꺾고, 아버지의 뜻을 이루기 위해서 세 번이나 거듭 기도하셨습니다. 그때마다 제자들은 잠에 빠졌습니다. 그러나 주님은 결국 아버지의 뜻을 확인하고, 흔들림 없이 십자가의 길로 나아가십니다. 채찍에 맞고, 손에 못이 박혀도 끝까지 가실 것입니다.

하지만 제자들은 도망갑니다. 베드로는 세 번이나 주님을 부인하지 않습니까? 깨어 기도해야 할 자리에서 졸면, 그렇게 단숨에 넘어지고 마는 법입니다. 예수님을 3년 동안 따라다니면 뭐합니까? 겟세마네 동산에서 세 번 졸고서 한순간에 넘어지고 말지 않습니까? 이것이 우리 신앙의 모습이 아닙니까?


## 천사가 와서 잔을 마시도록 돕는다

끝까지 가기 어려운 것이 비전입니다. 비전은 8부 능선부터가 고비입니다. 다 왔다 싶은데 더 힘들어집니다. 죽을 것만 같은데, 실제로 죽습니다. 그래서 사람은 떠나고, 비전만 남습니다.

예수님은 평범한 인간이 받는 유혹과는 비교할 수 없는 유혹들에 시달리셨을 것입니다. 가버나움에 큰 회당을 짓고 싶지 않으셨겠습니까? 변변찮은 열두 제자는 그만 내보내고, 예루살렘에서 내로라하는 똑똑한 청년들을 데려다가 새로 시작하고 싶지 않으셨겠습니까? 대제사장이나 랍비들이나 산헤드린 공회원들과 교류하면서 정치적, 종교적 입지를 굳히고 싶은 생각이 없으셨겠습니까?

비전을 이루려면 정상까지 올라가야만 합니다. 그런데 정상까지 가려니 갈수록 죽을 것만 같습니다. 고산지대에 가 본 사람들의 얘기를 들어보면, 의식이 몽롱해질 정도라고 합니다. 그러나 그 길을 끝까지 가야만 목적지에 도달합니다.

그러니 힘들수록 목적지가 가까웠다는 뜻임을 믿길 바랍니다. 힘들수록 터널 끝이 가까웠다는 것을 알길 바랍니다.

예수님은 세상 죄를 지고 가는 어린양으로 오셨습니다. 하나님은 독생자를 유월절 제물로 보내셨습니다. 예수님의 뜻은 "내 원대로" 이루는 것이 아니라 보내신 이의 뜻을 이루어 드리는 것입니다.

사탄이 계속 유혹하는데도 예수님이 끝까지 마음을 빼앗기지 않으신 것은 십자가라는 비전에 집중하시기 때문입니다. 예수님에게는 비전이 유혹보다 더 강하고 크기 때문입니다.

여기서 다시 한 번, 비전이 무엇인지 확인할 필요가 있습니다. 비전이란 내 뜻입니까 아니면 아버지의 뜻입니까? 비전이란 개인의 뜻입니까 아니면 하나님 나라의 뜻입니까? 비전은 하나님 나라를 위한 아버지의 뜻입니다.

비전이 있으면, 처음부터 끝까지 일관성 있는 삶을 삽니다. 무슨 일을 하건 하나님 나라와 그의 뜻을 이루기 위해 힘을 쏟기 때문입니다. 설거지를 하건 청소를 하건 아이를 돌보건 책을 쓰건 무슨 일을 하더라도 하나님 나라가 이루어질 것입니다.

그러나 자기 뜻을 이루는 것이 동기라면, 교회 봉사를 하건 설교를 하건 기도를 하건 무슨 일을 하건 하나님 나라에서 점점 더 멀어질 것입니다.

예수님이 왜 바리새인과 세리의 기도 가운데 세리의 기도가 더 의롭다고 말씀하십니까? 왜 "주여 주여 하는 자마다 다 천국에 들어갈 것이 아니요"(마 7:21)라고 말씀하십니까? 왜 외식하는 서기관들과 바리새인들을 회칠한 무덤 같다고(마 23:27) 나무라십니까? 왜 종교 지도자들에게 "독사의 자식들아"(마 12:34) 하고 퍼붓습니까? 왜 안식일 규정을 의도적으로 무시하십니까?

예수님이 고난을 자초하면서까지 말씀하신 것이 무엇입니까? 종교적 위선이야말로 가장 추악한 위선이라는 것입니다. 종교의 틀을 덮어쓴 것보다 더 끔찍한 위선은 없다는 것입니다. "나 이런 놈이다. 어쩔래?" 하는 세상의 악인들은 차라리 정직합니다. 양의 탈을 쓴 이리로 사는 종교인보다는 오히려 덜 해롭습니다.

예수님은 비전이 더욱 선명하게 드러나도록 도전하셨습니다. 죄의 본질이 무엇인지를 극명하게 드러내기 위해서 성전 안에서 돈 바꾸는 자들의 상을 둘러엎으셨습니다. 상 위에 돈이 얼마나 가득한지 드러냄으로써 인간의 위선이 얼마나 두터운지를 보여 주기 위해서입니다. 만민이 기도하는 집을 강도의 소굴로 만들지 말라고 꾸짖으며 인간의 죄악이 왜 종교적인 행위로는 용서받지 못하는지를 보여 주십니다.

그러나 감사하게도 아버지의 뜻을 이루기 위해 드리는 기도를 천사가 와서 돕습니다.

> 천사가 하늘로부터 예수께 나타나 힘을 더하더라 <sub>눅 22:43</sub>

얼마나 위로가 됩니까? 감당할 수 없는 짐을 내려놓고 기도할 때, 하늘에서 기도를 돕는 천사가 내려옵니다. 잔을 들어 옮겨 줄 천사가 아닙니다. 고통의 잔을 들고 마실 수 있게 돕는 천사입니다.

어느 순간, 나도 모르게 힘이 솟을 때가 있습니다. 내 힘으로 할 수 없는 일인데도 감당하겠다고 결심했더니, 어디서 나는지도 모를 힘이 솟구치는 경험을 하곤 하지 않습니까? 바로 그때 천사가 돕는 것입니다. 감당할 수 없는 고난 앞에서 "주님, 이 고난을 피하지 않겠습니다. 고난을 이겨 낼 수 있도록 도와주십시오" 하고 기도할 때, 하나님이 천사를 보내 주실 것입니다.

우리의 뜻은 고난을 피하는 것입니다. 고통이 그만 멈추는 것입니다. 그러나 비전을 이룰 때까지 고난은 계속될 것입니다. 자기 욕망보다 비전이 더 커지면, 고난을 이겨 낼 수 있습니다.

> 예수께서 힘쓰고 애써 더욱 간절히 기도하시니 땀이 땅에 떨어지는 핏방울같이 되더라 <sub>눅 22:44</sub>

땀이 핏방울같이 되는 기도드려 본 적이 있습니까? 솔직히 나는 없습니다. 밤새 통곡하며 기도해 본 적은 있어도 땀이 피가 되도록 기도해 본 적은 없습니다. 나에게 예수님만큼의 비전은 없었던 탓입니다.

하지만 예수님은 혼자서도 짐을 지실 수 있는 분이 아닙니까? 그런데 왜 이렇게까지 괴로워하십니까? 십자가 비전을 향해 그토록 흔들림 없이 담대하게 걸어오신 주님이지만, 육신의 고통을 피하고 싶으셨습니다. 할 수만 있다면 고통의 잔을 옮기고 싶습니다. 온몸의 피를 쏟아 담아야 하는 잔이기 때문입니다. 이제 그들 손에 죽임을 당할 것을 아시는데, 마음이 흔들리시지 않겠습니까? 기도가 흔들리지 않으시겠습니까?

이처럼 비전은 우리 힘으로 감당할 일이 아닙니다. 하나님 나라의 일은 애초부터 우리 힘으로 이루어지지 않습니다. 구원을 위한 섭리, 즉 하나님의 비전은 내 뜻대로 이루어지지 않습니다. 하나님의 뜻을 이루기 위해서는 하나님께 엎드려야 구해야 합니다. 예수님도 무릎을 꿇고, 얼굴을 땅에 대고 엎드리지 않으십니까?

예수님의 비전은 무엇입니까? 온 인류의 죄를 지시는 것 아닙니까? 십자가에서 수치스럽게, 가장 처참한 모습으로 죽으실 것입니다. 그걸 모른 채 가십니까? 다 아시기에 마지막까지 꺾어야 할 것은 "내 뜻"임을 고백하고 계신 것입니다.

우리도 할 수만 있다면, 피하고 싶은 잔이 있지 않습니까? 관계가 힘들어서 헤어지고 싶어 하는 부부가 얼마나 많습니까? 그러나 자기 뜻을 꺾고, 삼십 년, 사십 년 살아내면 십 년 살다가 헤어진 것과는 비교할 수 없는 아름다움의 경지를 발견하게 됩니다. 오십 년, 육십 년 살면, 삼사십 년 살다가 일생을 마친 사람보다 더 많은 것을 경험합니다. 자기 뜻을 꺾고, 끝까지 함께 살기를 결단하면, 그 열매가 있다는 것입니다.

자녀도 마찬가지입니다. 자녀가 속상하게 할 때마다 내쫓았으면 집에 남아 있을 자녀가 어디 있겠습니까? 견디고, 또 견뎌야 합니다. 내 뜻을 꺾고, 죽기 살기로 자녀를 붙들고 기도해야 합니다. 그러다가 나중에 아들이 존경받는 그리스도인이 되면 기가 막히지 않겠습니까?

정말로 그만두고 싶은 때가 곧 자기 뜻을 꺾어야 할 때임을 기억하길 바랍니다. 그때 천사가 도와줄 것입니다.

## 피땀 흘려
## 자기 뜻을 꺾다

예수님이 땀이 핏방울이 되도록 기도하신 것은 십자가의 고통 때문만은 아닙니다. 십자가는 하나님 아버지와의 관계가 단절되는 것을 의미합니다. 인류의 죄를 지는 고통보다 아버지에게서 버림받는 순간이 더 괴로우실 것입니다. 평생 하나님의 일을 해 왔는데, 하나님으로부터 버림받는 시간을 경험해야 한다는 것은 무엇과도 비교할 수 없는 고통입니다.

예수님이 얼마나 고통스러웠으면 십자가에서 "엘리 엘리 라마 사박다니" 하고 부르짖겠습니까? "나의 하나님, 나의 하나님 어찌하여 나를 버리셨나이까"(막 15:34) 하고 절규하시겠습니까?

얼마나 간절히 기도하셨던지 핏방울 같은 땀이 흘러내립니다. 상상할 수 없을 정도의 극심한 고통을 겪으면, 실제로 이 같은 현상이 일어난다고 합니다. 의학적인 용어로 혈한증(血汗症)이라고 합니다.

왜 피땀을 흘릴 정도로 기도합니까? 비전 때문입니다. 무슨 비전이기에 이렇게까지 기도해야 합니까? 생명보다 더 소중한 하나님의 비전이기 때문입니다. 자기 생명을 꽃피우기 위한 비전이 아닙니다. 오히려 자기 생명이 스러지는 비전입니다. 자기 이름을 나타내는 비전이 아니라 하나님의 영광을 드러내는 비전입니다. 자기 생명을 땅에 묻어 누군가의 생명으로 열매 맺는 비전입니다. 이것이 성경이 말하는 비전의 본질입니다. 하나님의 비전은 기도로 받고, 기도로 이루어집니다.

하나님은 예수님에게 "십자가를 져라. 사흘만 있으면 비할 수 없는 영광의 자리에 오르게 될 게 아니냐?" 하고 말씀해 주지 않으십니다. 이 시간, 침묵하십니다. 하나님도 통곡하시는 것입니다. 아들을 내어 주는 마음이 어땠겠습니까?

> 45 기도 후에 일어나 제자들에게 가서 슬픔으로 인하여 잠든 것을 보시고 46 이르시되 어찌하여 자느냐 시험에 들지 않게 일어나 기도하라 하시니라 눅 22:45~46

예수님이 잠든 제자들을 세 번이나 깨우셨지만, 그들은 곧 다시 잠들었습니다. 주님이 피땀을 흘리며 기도하시는데, 어떻게 제자들은 잠을 잘 수가 있습니까? 적어도 이때는 제자들의 비전에 십자가가 없었기 때문입니다.

예수님이 계속해서 기도해야 할 이유를 말씀하십니다. "시험에 들지 않도록 일어나서 기도해라." 우리에게도 말씀하십니다. "시험에 들지 않게 깨어서 기도해라." 유혹에 빠지지 않도록 기도하라는 것입니다. 비전을 품을 수 있게 기도하고, 비전을 이루기 위한 대가를 치르도록 기도하고, 마지막 고비를 넘길 수 있도록 기도하고, 사명을 끝까지 완수할 수 있도록 기도하라는 것입니다.

여기서 "시험에 들지 않게 기도하라"의 "시험"은 유혹을 말합니다. 성경에는 세 가지 시험이 있습니다. 영어 단어로 구분하면 더 쉽습니다. Trial, Test, Temptation. 순서대로 시련, 시험, 유혹입니다. 시련은 자기 자신 때문에 겪는 일이 많습니다. 시험은 그야말로 믿음의 정도를 테스트할 때 받습니다. 그리고 유혹은 사탄이 비전을 꺾기 위해 주는 것입니다.

비전은 세 가지 시험을 다 만납니다. 그래서 기도가 필요합니다. 처음에는 자기 뜻을 따라서라도 기도하십시오. 꾸준히 기도하면 어느 날 그 기도가 하나님 나라를 잉태하는 기도, 영원한 생명을 출산하는 기도로 바뀔 것입니다. 기도가 습관이 되면 무서운 힘을 발휘합니다.

기도의 절정은 자기 뜻을 꺾는 기도입니다. 자기 뜻을 꺾어야 비전의 절정에 다다를 수 있습니다. 내 뜻을 이루는 것이 비전이 아니기 때문입니다. 나를 꺾는 기도는 그야말로 가장 힘든 기도입니다.

히브리서 기자가 예수님의 기도 응답을 이렇게 기록합니다.

> 그는 육체에 계실 때에 자기를 죽음에서 능히 구원하실 이에게 심한 통곡과 눈물로 간구와 소원을 올렸고 그의 경건하심으로 말미암아 들으심을 얻었느니라 히 5:7

우리 육신은 연약합니다. 우리 마음과 생각도 연약합니다. 왜 기도합니까? 연약함을 이길 수 있도록 도움을 청하는 것입니다. 내 뜻을 위해서입니까? 아닙니다. 내 뜻보다 더 큰 하나님 아버지의 뜻을 이루기 위해서입니다. 왜 아버지의 뜻을 앞세웁니까? 하나님 아버지를 사랑하기 때문입니다. 그리스도인은 왜 기도합니까? 예수님을 사랑하기 때문입니다. 예수 그리스도께서 우리를 더 사랑하시기에 순종하는 것입니다. 사랑 외에는 다른 이유가 없습니다.

하나님의 비전은

기도로 받고,

기도로 이루어집니다.

# 8
## chapter

---

기도의 성결

# 왜 성결해야 하는가

아이에게 심부름을 시켜 보면, 성격을 한눈에 파악할 수 있습니다. 말이 채 끝나기도 전에 뛰쳐나가는 아이가 있는가 하면, 부모의 이야기를 끝까지 듣고 메모하거나 기억해서 나가는 아이가 있습니다. 내용을 정확하게 알고 가는 것입니다. 어느 쪽이 지혜롭습니까?

신앙생활도 이와 마찬가지입니다. 우선은 하나님이 원하시는 것이 무엇인지 그의 말씀을 경청해야 합니다. 하다못해 회사에서도 사장의 뜻을 알아야 승진할 수 있지 않습니까?

교회는 어떻습니까? 교회는 하나님의 전이요 아버지의 집입니다. 아버지가 자녀를 이렇게 많이 불러 모으신 데는 어떤 뜻이 있지 않겠습니까? 아버지가 원하시는 게 있습니다. 하나님의 목적이 있습니다. 그 목적을 모르면, 각자 자기가 원하는 것만을 구하다가 흩어지고 맙니다.

하지만 수백, 수천, 수만의 믿는 자들이 아버지가 원하시는 것을 한마음으로 구한다면, 세상이 진동하지 않겠습니까? 기도야말로 분명 신앙의 기초입니다. 바로 여기서부터 시작해야 합니다.


## 깨끗함을 위해
## 가지를 친다

기도의 자리는 회복의 자리요 회개의 자리입니다. 변화할 능력을 받는 자리라는 뜻입니다. 삼사십 년을 함께 살아온 아내도 바꾸지 못하고, 혹독한 상사도 바꾸지 못하는 내 본성을 뿌리째 바꿔 버리는 변화가 기도의 자리에서 일어나기 때문입니다. 이 자리에서만 가능한 일입니다.

또한, 기도의 자리는 비전을 받는 자리입니다. 내 꿈과 야망이 자라는 자리가 아니라 하나님은 원하시는 비전을 받는 자리입니다. 하나님의 비전은 크고 놀라운 구원의 긴 역사를 따라 흘러가고 있습니다.

그러나 기도의 자리에서 자신이 간절히 원하는 응답만을 구한다면, 주님의 음성이 굴절되고 왜곡 되어 들리기 마련입니다. 결혼이 가장 중요한 기도 제목이 되면, 그와 결혼하라고 하시는 건지 하지 말라고 하시는 건지에만 집중합니다. 아침마다 답을 주시길 기다립니다. 하나님 아버지는 그것보다 더 중요한 말씀을 주고자 하시는데, 그 말씀은 들리지 않습니다. 자기가 원하는 것만 듣기에 교회에 몇십 년을 다녀도 근본적인 내면의 변화가 없습니다.

기도는 승리의 관문입니다. 그런데 기도로 무슨 싸움을 어떻게 이기겠다는 것입니까? 먼저 하나님이 누구이시며 예수님이 어떤 분이신지를 알아야 합니다. 예수님은 신앙생활에서 승리하는 비결을 너무나도 쉽게 알려 주십니다.

나는 참포도나무요 내 아버지는 농부라 요 15:1

예수님이 자신과 하나님의 관계를 명쾌하게 설명하십니다. 하나님은 농부, 예수님은 농부 하나님이 심으신 포도나무라는 것입니다. 이보다 더 쉬운 설명이 있겠습니까? 예수님의 비유는 늘 명쾌합니다.

포도나무는 올리브나무, 무화과나무와 더불어 이스라엘의 3대 과실수입니다. 과실수는 열매를 목적으로 하는 나무입니다. 나뭇가지나 밑동은 쓸모가 없습니다. 오직 풍성한 열매가 목적입니다.

포도나무는 키가 그리 크지 않습니다. 긴 덩굴로 자라기에 기둥으로 받쳐서 세워 주지 않으면 제대로 서 있지 못하고 쓰러집니다. 나무라고 부르기도 민망한 나무입니다. 그럼에도 불구하고 예수님은 자신을 포도나무에 비유하십니다. 주님은 세상에 오실 때부터 행차하듯 요란하게 오지 않으셨습니다. 오로지 성도라는 열매, 교회라는 과실을 맺기 위해서 성육신하셨습니다.

예수님은 자신이 포도나무 중에서도 "참포도나무"라고 말씀하십니다. 열매를 맺는 나무와 맺지 못하는 나무를 대비하신 것입니다. 예컨대, 교회에 삼십 년이나 다녔는데도 삶에 아무런 변화가 없다면 참 성도가 맞습니까? 교회 문턱을 드나들면서 자신을 성도로 생각하고 믿지만, 작은 고난에도 한순간에 허물어지고 마는 신앙을 가졌다면, 참 성도가 맞습니까?

예수님은 참 성도를 구별하는 손쉬운 방법을 알려 주십니다.

> 무릇 내게 붙어 있어 열매를 맺지 아니하는 가지는 아버지께서 그것을 제거해 버리시고 무릇 열매를 맺는 가지는 더 열매를 맺게 하려 하여 그것을 깨끗하게 하시느니라 요 15:2

바로 열매로 구분하면 됩니다. 열매를 맺으면 진짜요 열매를 맺지 못하면 가짜입니다.

그런데 어떻게 해서 가지에 열매가 맺힙니까? 나무에 붙어 있어야만 합니다. 열매는 가지의 능력이 아닙니다. 가지가 할 일은 오직 하나뿐입니다. 나무에 붙어 있는 것입니다.

그러나 가지가 나무에 붙어 있어도 병들면 열매를 맺지 못합니다. 그럴 때 농부가 가지를 잘라 버립니다. 병든 가지를 잘라야 다른 가지에 영향을 주지 않기 때문입니다. 가지 노릇도 못하면서 붙어 있으면 다른 가지에 피해를 줍니다. 그러니 가지는 열매를 맺기에 좋은 상태를 유지하는 것이 관건입니다. 이것은 능력이 아닌 청결의 문제입니다.

주님도 가지치기를 하십니다. 사실, 교회는 찾아오는 사람을 다

받아서는 안 됩니다. 이단이 슬그머니 들어와도 다 받아 줘야 합니까? 아닙니다. 성도들이 열매 맺지 못하게 하는 요소들은 가지치기를 해야 합니다. 성도가 열매를 맺기 위해서는 정결함이 요구됩니다. 농부와 포도나무, 가지와 열매, 이들의 관계를 하나로 연결할 수 있는 기준은 다름 아닌 '거룩'입니다.

마치 생수와 병, 상점과 소비자를 연결하는 기준이 깨끗함인 것과도 같습니다. 깨끗한 물을 깨끗한 병에 담아서 깨끗하게 보관하는 상점이라야 소비자가 안심하고 마실 수 있습니다. 물의 pH 농도나 무기물 함유 정도에 앞서서 마실 수 있을 만큼 깨끗한가가 기준인 것입니다.

우리는 능력이나 미모를 지나치게 중요하게 생각합니다. 겉으로 보이는 것이 중요하다고 생각합니다. 그러나 그것이 본질입니까? 하나님은 우리 중심이 거룩한가에 주목하시는 분입니다. 주님은 "나 여호와 너희 하나님이 거룩하니 너희도 거룩하여라"(레 19:1)라고 말씀하시지 "너희는 유능해야 한다. 아름다워야 한다"라고 말씀하시지는 않습니다.

속에 더러운 생각과 음란한 생각을 품고 있다면, 값비싼 보석으로 치장하고 화려한 코트로 휘감은들 무슨 소용이 있습니까? 타락한 세상에서 구하는 헛된 허영에 지나지 않습니다. 성도의 관심은 오로지 거룩함과 정결함에 있습니다.

승리하는 기도란 자신을 깨끗게 하는 기도입니다. 중심이 깨끗해야 주님이 주시는 형통을 경험할 수 있습니다.

어떻게 하면 중심이 깨끗해질까 고민하는 우리에게 예수님이 충격적인 말씀을 해 주십니다.

너희는 내가 일러준 말로 이미 깨끗하여졌으니 요 15:3

너희란 누구입니까? 하나님의 백성, 주님의 제자들입니다. 예수님은 그들이 이미 깨끗해졌다고 말씀하십니다. 깨끗해질 거라는 말씀이 아닙니다. 놀랍지 않습니까? 우리가 이미 깨끗해졌다니요?

이전에도 예수님은 너희는 빛이 될 것이라고 말씀하지 않고, 너희는 소금이 될 것이라고 말씀하지 않고, "너희는 세상의 빛이라. 너희는 세상의 소금이라"고 말씀하셨습니다.

예수님은 이미 깨끗해진 자기 모습을 미리 바라보라는 뜻에서 말씀해 주신 것입니다. 주님이 우리 안에 오시면, 이미 깨끗해진 것이라는 선언입니다.

말씀이 지닌 능력의 본질은 거룩입니다. 어떻게 해야 성도가 거룩해집니까? 예수님의 말씀이 있어야 합니다. 명상이나 수행을 통해서 깨끗해지는 것이 아닙니다. 나뭇가지 혼자서는 아무것도 할수 없듯이, 그리스도인도 선행만으로는 깨끗해지지 않습니다.

사람의 의는 더러워서 누더기와도 같습니다. 인간의 내면은 끝을 알 수 없는 어둠입니다. 인간의 내면은 거미줄과 곰팡이로 가득합니다. 곰팡이가 피고 거미줄이 쳐진 방에 빛이 비치지 않으면, 창문을 열고 아무리 걷어 내고 닦아 내도 얼마 지나지 않아 다시 곰팡이가 피고 거미줄이 쳐질 것입니다. 내면의 어둠에 빛이 임하지 않으면 앞으로 나아갈 수 없습니다.

인간의 내면은 자기성찰로는 깨끗해지지 않습니다. 성찰은 내면의 실상을 드러내 줄 뿐입니다. 성찰이 깊을수록 죄의 추악한 실상을 더 깨달아 갑니다. 안타깝게도 실존 자각은 내면의 어둠을 주시하는 데서 그치고 맙니다.


## 말씀 안에 거하면
## 계산하지 않는다

도대체 어떻게 해야 우리 중심이 깨끗해질 수 있단 말입니까? 예수님이 유일한 방법을 가르쳐 주십니다. "내 안에 거하라"(요 15:4). 즉 '주님이 일러 주신 말씀' 안에 머물러야 합니다.

> 살리는 것은 영이니 육은 무익하니라 내가 너희에게 이른 말은
> 영이요 생명이라 요 6:63

실존적 존재로서의 인간은 어두운 절망에 익숙합니다. 그러나 예수님의 말씀 안에 거하면 밝은 빛에 노출됩니다. 그리고 빛 가운데 깨끗해짐을 경험합니다. 어떻게 그럴 수 있습니까? 예수님은 빛이요 생명이시기 때문입니다. 예수님의 말씀이 내 안에 머무르

면, 내 안에서 변화를 경험하게 됩니다.

사람의 말도 마찬가지입니다. 진심 어린 충고나 분노에 찬 욕설을 들으면, 종일 그 말들이 뇌리에서 떠나질 않습니다. 처음에는 귓전에 머물렀다가 그다음에는 머릿속을 맴돌다가 마지막에는 가슴속에 머물게 됩니다. 사람의 말이 그의 안에 잉태된 것입니다. 사랑의 말은 사랑을 잉태하지만, 분노의 말은 분노를, 저주의 말은 저주를 잉태합니다. 우리는 이런 말을 들으면 그 말이 내 가슴에 못을 박았다고 표현합니다. 실제로 그렇습니다.

이처럼 말에는 대단한 능력이 있습니다. 세상에는 칼에 맞아 죽는 사람보다 말에 상처받아 죽는 사람이 더 많습니다. 총에 맞으면 한순간에 죽지만, 말에 상처를 받으면 죽을 때까지 고통에서 벗어나지 못하는 경우가 있습니다.

사람에게 말은 존재의 증명이 되기도 합니다. 헬렌 켈러는 들을 줄도 말할 줄도 모르는 아이였습니다. 거칠기가 이루 말할 수 없을 정도였습니다. 그러다가 설리반 선생님을 만났습니다. 선생님이 헬렌에게 말을 가르치기 위해 우물에서 시원한 물을 퍼다가 헬렌의 손에 부어 주었습니다. 계속 물을 붓다가 손바닥에 '물'이라는 글자를 써 주었습니다.

훗날, 헬렌 켈러가 회고록에서 그 순간을 이렇게 기억합니다.

"새로 태어난 느낌이었다. 내 손에 상쾌하고 시원한 느낌을 주는 것이 '물'이라는 사실을 알게 된 것이야말로 내 인생의 새로운 순간이었다."

사람은 하고 싶은 말을 못 하면 병이 생깁니다. 험한 말을 들으면 가슴앓이를 합니다. 그러나 하나님은 말씀으로 그 상처를 치유해 주십니다. 또한, 말씀으로 생명을 잉태하게 하십니다.

왜 하나님의 말씀을 들으면 사람이 달라집니까? 말씀이 곧 능력이요 생명이기 때문입니다. 그런데 왜 같은 말씀을 들어도 어떤 사람은 변화하고, 또 어떤 사람은 변화하지 않고 그대로입니까? 말씀이 그의 안에 머무는가에 따라 달라지기 때문입니다. 잉태된 생명이 유산되기도 하지 않습니까? 그의 안에 말씀이 머물지 않으면 그리스도의 생명도 거하지 않게 됩니다.

예수님은 "생명 안에 거하라"고 말씀하십니다.

> 내 안에 거하라 나도 너희 안에 거하리라 가지가 포도나무에 붙어 있지 아니하면 스스로 열매를 맺을 수 없음 같이 너희도 내 안에 있지 아니하면 그러하리라 요 15:4

가지는 나무에 붙어 있는 것 말고는 할 일이 없습니다. 나무가 다 공급해 줍니다. 뿌리에서 올라오는 진액이 가지로 전달되면, 가지는 열매가 맺히도록 팔을 늘어뜨리고 있기만 하면 됩니다. 그러면 열매가 맺힙니다. 가지가 열매를 맺으려고 애쓸 필요가 없습니다. 이것이 신앙입니다.

크신 하나님이 우리 안에 거하겠다고 하십니다. 작은 존재가 큰 존재 안에 들어가야지 어떻게 큰 존재가 작은 존재 안에 들어오실 수 있습니까? 이것이 영적 신비입니다.

우리 안에는 하나님뿐 아니라 수천의 군대 귀신도 들어올 수 있습니다. 귀신 하나 내쫓고 깨끗이 청소했더니 일곱 귀신이 다시 들어올 수도 있는 곳이 우리 내면입니다.

우리는 자기 안에 누가 들락날락하는지 잘 모릅니다. 깨어 있지 않으면 모릅니다. 생각 하나가 잘못 들어오면 인생이 파멸합니다. 유혹 하나 잘못 받아들이면 인생이 파탄 납니다. 어떤 힘이 들락날락하면서 우리를 어떤 선택, 어떤 결단, 어떤 의지로 이끌어 가는지, 그 힘의 정체를 모른 채로 살아갑니다. 아마도 알면 소름 끼쳐서 못 살지 않겠습니까? 그러니 주님 안에 안전히 거하라는 말씀입니다.

오늘날 가정이 왜 병들었습니까? 거래로 살아가는 세상 기준을 가정에도 적용하기 때문입니다. 오늘날 교회가 왜 병들었습니까? 주고받아야 유지되는 세상 기준이 교회에 들어왔기 때문입니다. "당신이 이만큼 해 주면, 나도 이만큼 하겠소." 이것은 사랑이 아니라 상행위입니다.

매일 계산만 한다면 그게 무슨 가정입니까? 가정이 일터입니까? 일터에서는 효율성과 생산성의 잣대를 가지고 끊임없이 평가합니다. 이익을 위해 모인 이익집단입니다.

독일 사회학자 퍼디낸드 퇴니에스(Ferdinand Tonnies)는 사회를 게마인샤프트(Gemeinschaft)와 게젤샤프트(Gesellschaft) 두 가지 유형으로 나누었습니다. 게젤샤프트는 이익이 지배하는 이익사회입니다. 그러나 게마인샤프트는 이해관계를 따지지 않는 공동체 사회입니다. 주고받기를 기대하지 않고, 주고 또 주는 곳입니다. 누군가는 주고 또 주어도, 또 누군가는 계속 받기만 해도 존속이 가능한 공동체입니다.

인간은 하나님이 주신 공동체인 가정에서 하나님의 형상을 빚을 수 있고 또한 회복할 수 있습니다. 공동체 안에서 드려지는 기도는 거래하는 과정이 아닙니다. 기도의 승리는 공동체 안에 있습니다. 기도의 땀과 피는 공동체로 열매를 맺습니다.

가족은 선물입니다. 사회가 가정으로 돌아가는 것이 "백 투 베이직"(Back to Basic)입니다. 가족 관계가 허물어지면, 사회관계까지 다 허물어집니다. 사회의 기초 단위가 가정인데, 가정이 무너지면, 사회는 불량품이 끝없이 쏟아져 나오는 나쁜 시장과 다를 게 뭐가 있겠습니까? 정상적인 시장이라면, 불량률이 단 1%만 돼도 난리가 나지 않겠습니까? 그런데도 세상이 아직 돌아가고 있는 것은 주님의 크신 은혜 덕분입니다. 사회가 바로 서려면, 우리가 깨끗해지는 것 말고는 다른 길이 없습니다.

교회는 내가 얼마를 헌금했다며 헌금한 만큼 목소리를 내는 곳이 아닙니다. 헌금 한번 못 했다고 해서 온종일 고개를 숙인 채 왔다 갔다 해야 하는 곳도 아닙니다. 오히려 그런 것들에서 떠나 있어야 하는 곳입니다.

목회가 효율적인 일입니까? 목회가 생산적인 일입니까? 아닙니다. 가장 비효율적이고 가장 비생산적인 일입니다. 목회는 목양입

니다. 양을 치는 일입니다. 그런데 교회에서 세상 지표를 가지고
한 해 동안 몇 명의 새 신자가 왔고, 몇 명이 떠났는지 통계를 냅니
까? 1인당 헌금이 얼마인지 따집니까? 그러고선 교회를 사고팔기
도 합니까? 상행위입니다. 비즈니스를 하는 것입니다. 그런데 실
제로 그런 일이 일어나고 있지 않습니까?

　예수님은 유대교 사회에서 병들고 죽어 가는 영혼들을 살리기
위해 친히 교회가 되셨습니다. 새로운 생명을 잉태하기 위해 교회
의 기초를 세우시고, 교회의 머리가 되셨습니다. 골고다 언덕 위
십자가에서 자기 피를 쏟으셨습니다. 죽음의 세상에 생명의 씨앗
을 뿌리신 것입니다.

　교회는 생명공동체입니다. 사상과 이념과 제도는 그들이 기치
로 내거는 것과는 달리 생명과 관련이 없습니다. 오히려 죽음의
씨앗이 되기도 합니다. 그러나 교회는 생명의 씨앗을 뿌립니다. 교
회 공동체에 속하는 것만으로도 생명이 잉태됩니다. 무슨 종교적
활동을 해서가 아닙니다. 오직 주님의 사랑으로 우리가 생명을 맛
봅니다. 오직 주님의 말씀으로 우리가 생명을 누립니다. 오직 주님
께 붙어 있기만 하는데 생명의 열매를 맺습니다.


## 하나님의 형상이므로
## 하나님의 방법으로

　　　　　　　　　　열매는 생명의 상징입니다. 생명이 있

느냐 없느냐의 여부는 열매로 검증됩니다. 열매는 생명이 끝없이 이어지고 퍼져 나가는 통로입니다. 포도가 열리는 길은 오직 하나입니다. 포도나무에 가지가 붙어 있어야 하는 것입니다. 우리 생명이 잉태되고, 생명이 자라나는 길은 오직 하나입니다. 예수님 안에 머무는 것입니다. 예수님이 내 안에 머물게 하시는 것입니다. 그러면 어느 날 문득 열매를 보게 될 것입니다.

그러나 가지가 나무를 떠나는 순간, 가지는 열매를 맺을 수 없습니다. 가지가 열매를 맺지 못하면, 무슨 소용 있습니까? 가지치기를 당하는 것 외에 무슨 길이 있겠습니까?

> 5 나는 포도나무요 너희는 가지라 그가 내 안에, 내가 그 안에 거하면 사람이 열매를 많이 맺나니 나를 떠나서는 너희가 아무것도 할 수 없음이라 6 사람이 내 안에 거하지 아니하면 가지처럼 밖에 버려져 마르나니 사람들이 그것을 모아다가 불에 던져 사르느니라 요 15:5~6

신앙이 무엇입니까? 예수님 안에 머무는 것입니다. 기도로 승리한다는 것이 무엇입니까? 예수님 안에 머물렀더니, 어느새 고난이 지나가고 환란이 그쳤다는 것입니다. 내가 싸운 것 같은데, 알고 보니 싸우시는 분 뒤에 머물렀던 것에 지나지 않습니다.

기도의 승리는 열매가 내 팔에 열리는 순간을 보는 것입니다. 나무에 붙어 있어야 열매를 볼 수 있습니다. 가지가 열매를 맺으면 기도로 다 이룬 것입니다. 가지는 자기 소명을 다한 것입니다.

포도나무 가지의 소명은 포도송이를 맺는 것입니다. 포도나무에 사과가 열리는 것은 소명이 아닙니다. 배나 감이 열리도록 죽을힘을 다하는 것은 사명이 아닙니다. 오직 포도송이를 맺어야만 포도나무의 소명과 사명을 다하는 것입니다.

열매를 맺으려면 어떻게 해야 합니까? 기도의 자리에서 깨끗해져야 합니다. 기도의 자리에서 형통함과 자유함과 기쁨을 누리는 존재가 되는 것입니다. 무거운 짐을 지고 가는 고행자처럼 땅을 내려다보며 걷지 않아도 됩니다. 환경이 바뀌지 않아도 문제 될게 없습니다. 고난 중에 있어도 힘들지 않습니다. 주님의 말씀이 내 안에 있고, 내가 주님의 말씀 안에 있기 때문입니다. 내 안에 생명의 빛이 있으면, 주님의 사랑과 능력이 있으면, 열매 맺지 못하는 쓸모없는 가지가 되지 않습니다.

> 너희가 내 안에 거하고 내 말이 너희 안에 거하면 무엇이든지
> 원하는 대로 구하라 그리하면 이루리라 _요 15:7_

포도나무가 가지에게 말합니다.

"가지야, 네가 나한테 붙어 있고, 내가 네게 공급하는 것들을 받기만 하면, 너는 네가 원하는 것을 다 구할 수 있단다. 구해. 그러면 포도가 반드시 열릴 거야."

예수님이 말씀하십니다.

"제자들아, 너희가 내 안에 머물러 있고, 내 말이 너희 안에 머물러 있기만 하면, 무엇이든지 너희가 좋아하고 기뻐하는 것들을 구해도 좋다. 구하기만 하면, 너희가 또 다른 제자들을 낳을 것이다."

젖먹이일 때는 엄마 아빠가 뭐든지 다 해 줍니다. 이유기만 지나도 그렇게 하지 않습니다. 아이가 달라는 대로 다 주지 않습니다. 아이를 망치는 지름길이 달라는 대로 다 주는 것이라고 하지 않습니까?

주님이 우리를 깨끗하게 해서 이끌어 가시는 방법은 각기 다릅니다. 요셉을 이끄신 방법, 다윗을 이끄신 방법, 다니엘을 이끄신 방법, 심지어 요한과 베드로를 이끄신 방법이 다 다릅니다. 우리는 세상적인 방법으로 이끌리기를 원하지만, 하나님은 아니십니다. 우리는 하나님께 소중한 존재입니다. 하나님의 형상을 닮았기 때문입니다. 그래서 하나님의 방법으로 우리를 이끄십니다. 그 이끄심은 기도를 통해서만 알 수 있습니다.

부부가 서로 사랑하면, 상대가 원하는 것을 해 주려고 합니다. 자녀를 사랑하는 부모는 자녀가 원하는 것을 해 줍니다. 제자가 스승을 사랑하면, 마찬가지로 스승이 원하는 것을 하려고 합니다. 하나님 아버지를 사랑하는 하나님의 자녀라면, 하나님 아버지가 원하시는 것을 하기 마련입니다.

신앙에서 승리하는 길은 무엇입니까? 예수님이 원하시는 것을 하는 것입니다. 예수님이 그러셨던 것처럼 제자를 남기는 인생을 사는 것입니다. 참포도나무이신 예수님께 붙어 있는 가지가 되어 열매를 맺는 것입니다.

우리가 구해야 할 것은 무엇입니까? 사실, 가지로 붙어 있으면 구할 것이 별로 없습니다. 뿌리에서부터 올라오는 것, 즉 나무가 주고자 하는 것을 받게 해 달라는 것이 우리가 구해야 할 것입니다. 열매를 맺을 수 있도록 받은 것을 잘 전달할 수 있게 해 달라고 구하는 것이 바른 간구입니다.


## 가짜가 될까
## 두려워하라

사랑의 사도로 불리는 요한이 성도를 위해 구한 것이 무엇입니까?

> 사랑하는 자여 네 영혼이 잘됨 같이 네가 범사에 잘되고 강건하기를 내가 간구하노라 요삼 1:2

이 말씀에는 성령의 열매를 잘 맺기를 바라는 깊은 뜻이 담겨 있습니다. 이것이 승리하는 기도입니다. 기도로 병을 이겨 내는 것이 승리입니다. 기도로 부도난 기업을 다시 일으키는 것도 승리입니다. 기도로 칠전팔기해서 국회의원이 되는 것도 승리입니다. 분명 승리하는 것이 될 수 있습니다. 그런데 성경의 승리는 어떤 승리입니까? 감옥에서도 형통한 것이 승리입니다. 감옥에 갇혀서도 담대하게 복음을 전하게 해 달라고 간구한 것이 승리입니다. 포로로 끌려가서도 그 나라 왕과 백성을 위해 기도하는 것이 승리입니다. 고난에 짓눌리지 않고 내 안에 계신 분을 전적으로 신뢰하는 것이 바로 승리입니다.

이것을 잊으면 세상 기준을 교회에 가져오고, 세상 기준을 기도에 심어서 스스로 최면을 겁니다. '이런 것을 구해야 형통이다, 그래야 축복이다'라고 말입니다. 무슨 축복을 그렇게나 원합니까? 하나님을 아버지라 부르는 것 말고, 더 큰 축복이 있습니까? 위대하신 하나님을 아는 것보다 더 큰 축복이 있습니까? 하나님의 사랑을 받고 하나님의 기쁨이 되는 것보다 더한 축복이 어디 있습니까?

하나님을 아는 축복을 제대로 누리지 못하는 것은 답답한 일입니다. 어마어마한 보화를 가졌으면서도 풀어 보지도 않는 것과 같습니다.

결혼 생활에 실패하는 정확한 이유가 무엇입니까? 받은 선물의 포장을 끝까지 풀어보지 않기 때문입니다. 그 안에 숨겨진 보화를 찾지 못해서입니다. 그래서 가정이 깨집니다. 하나님이 얼마나 소중한 보화를 주셨는지를 미처 모른 채 인생이 끝나는 것입니다. 십 년, 이십 년, 삼십 년을 인내로 지내면서 기도의 자리로 나아가면, 상상할 수 없는 보화를 발견하게 될 텐데 말입니다.

하나님이 주시는 승리는 세상 사람들의 주목을 끄는 화려한 것이 아닙니다. 대개 화려하고 요란한 것은 가짜입니다. 사실, 진짜는 잘 드러나지 않는 법입니다.

컬리넌 다이아몬드(The Cullinan Diamonds) 배달 작전 이야기를 압니까? 1905년 남아프리카 트란스발 지역의 프리미어 광산에서 3,106캐럿짜리 다이아몬드 원석이 발견됐습니다. 무게가 약 621그램이나 됐습니다. 지금까지 발견된 다이아몬드 원석 중에 가장 큰 것입니다. 당시 프리미어 광산의 소유자였던 토머스 컬리넌(Thomas Cullinan)의 이름을 따 '컬리넌'이란 이름이 붙여졌습니다.

트란스발 지역을 통치하던 영국 식민 정부가 컬리넌을 구입하여 그들의 왕 에드워드 7세의 생일 선물로 보내기로 했습니다. 그러자 이름난 전문가들이 몰려들었습니다. 흉악하기로 소문난 도둑들이 컬리넌에 눈독을 들인 것입니다.

영국 정부가 어떻게 했겠습니까? 컬리넌을 안전하게 운반할 묘안을 짰습니다. 진짜 컬리넌은 평범한 상자에 넣어 일반 소포로 발송하고, 가짜 컬리넌을 진짜처럼 속여 삼엄한 경비 속에 요란하게 운반한 것입니다. 덕분에 도둑들의 관심이 가짜 컬리넌에 쏠렸습니다. 그러는 사이에 진짜 컬리넌은 무사히 영국에 도착했습니다.

이것이 하나님이 우리 삶을 운행하시는 방식임을 기억하십시오. 소중한 보석 같은 그리스도인들을 이 땅에서는 이름도 없이 빛도 없이 살게 하십니다. 우리는 천사의 호위를 받으며 화려하게 가고 싶은데, 주님은 아무도 주목하지 못하게, 눈치채지 않도록 소박하게 포장해서 천국에 데려가신다는 사실을 기억하십시오. 엄청나게 화려하고 요란한 것은 가짜일 가능성이 99%입니다.

나 자신은 스러지고, 나를 통해 세상에 예수님만 드러나게 해 달라고 기도할 때가 있습니다. 가짜가 될까 봐 두려운 것입니다. 요란한 소리를 내며 가는 나 같은 사람들은 가짜일 가능성이 높습니다. 그러니 설교에서 은혜받았다고 하지 마십시오. 예수님께 은혜받아야지 목사의 설교에서 은혜받는 것은 자칫 독을 머금은 것과도 같습니다.

어느 대형 교회의 목사 사모가 꿈을 꾸다가 화들짝 놀라서 깨어나, "여보, 천국에 갔더니 하늘에 우리 상급이 하나도 없대. 이 땅에서 다 받았대"라고 하더랍니다. 이 땅에서 다 받지 않기를 기도하십시오. 하늘에 상급이 차곡차곡 쌓이기를 기도하십시오.

그러려면 어떻게 해야 합니까? 말씀 안에 머물러야 합니다. 말씀이 내 안에 머물게 하십시오. 말씀이 능력 되게 하십시오. 말씀이 빛이 되고, 사랑이 되게 하십시오. 그것으로 충분합니다. 우리가 어떤 기도를 드리건 하나님이 기뻐 받으시는 기도가 될 것입니다.

디베랴 호숫가에서 예수님이 베드로에게 "네가 나를 사랑하느냐" 하고 세 번 물으신 후에, 그에게 말씀하셨습니다.

> 네가 젊어서는 스스로 띠 띠고 원하는 곳으로 다녔거니와 늙어서는 네 팔을 벌리리니 남이 네게 띠 띠우고 원하지 아니하는 곳으로 데려가리라 요 21:18

내가 진짜가 되면, 하나님은 내가 원하는 방법으로 나를 데려가시지 않습니다. 허리에 띠를 띠우고 하나님이 원하시는 방법대로 데려가십니다. 어떻게 데려가시건 그분 손에 맡겨 드리면 됩니다.

포도나무 가지가 무얼 구하겠습니까? 포도가 탐스럽게 열리기를 구하지 않겠습니까? 그런데 "사과가 탐스러워 보이니 사과가 열리게 해 주십시오. 가지가 너무 짧은 것 같으니 길게 만들어 주십시오"하고 바란다면 되겠습니까? 우리가 구할 것은 성령의 열매이지 세상의 열매가 아닙니다.

그러니 무슨 기도를 드리겠습니까? 성령의 아홉 가지 열매를 기억하며 구하십시오. 아버지께서 우리 인생에 맺기를 원하시는 열매가 무엇인지 기억하며 구하십시오.

> 22 오직 성령의 열매는 사랑과 희락과 화평과 오래 참음과 자비와 양선과 충성과 23 온유와 절제니 이 같은 것을 금지할 법이 없느니라 갈 5:22~23

성령의 열매를 맺는 것은 아무도 금지할 수 없습니다. 기도의 자리에서 성령의 열매를 구하기를 바랍니다. 내 영혼이 잘됨 같이 내가 범사에 잘되고 강건하기를 위해서 기도하십시오. 풍성한 열매를 맺는 가지가 되게 해 달라고 기도하십시오. 비록 자신은 그 열매를 먹지 못하더라도, 열매 맺는 가지의 기쁨을 알게 해 주실 것입니다.

무엇보다도 정결케 해 주시기를 기도하십시오. 세상에 이름난 사람이 아니라 깨끗한 사람이 되게 하시고, 요란하게 소문난 사람이 아니라 주님이 은밀히 기뻐하시는 사람이 되게 해 달라고 기도하십시오. 그것이 하나님의 뜻을 이루는 길입니다. 영혼이 병들었는데도 범사에 잘되고 건강한 것이야말로 가장 위험한 일입니다. 하나님의 뜻과는 점점 멀어지는 가장 불행한 길입니다.

# 9
chapter

---

기도의 수비

# 무엇을 지켜야 하는가

>>>>

이따금 살림을 정리하다 보면 갈등이 생깁니다. 이걸 그냥 둘까 아니면 버릴까 고심합니다. 과감하게 버리는 사람들을 보면 부럽기도 합니다. 그러나 언젠가 필요할 때를 생각하면 버리기가 아깝고 해서 결국 쌓아 둡니다. 그러다 보니 날로 짐이 늘어납니다. 그래도 이사할 때는 짐을 줄여야 하니 좀 더 과감해지곤 하지만, 요즘은 그것도 쉽지 않습니다. 이삿짐센터에서 눈에 보이는 모든 것을 싸서 옮겨 놓아 주기 때문입니다.

나는 기도의 자리는 짐을 줄이는 자리라고 생각합니다. 기도는 우리에게 뜻밖의 능력을 가져다줍니다. 지켜야 할 것을 지키고, 버려야 할 것을 버리는 능력입니다. 지켜야 할 것을 지킴으로써, 버려야 할 것을 버림으로써 누리는 것이 승리입니다. 인생의 주인을 알면 인생에 집착하지 않습니다. 생명의 주인을 알면 오히려 생명에 집착하지 않습니다. 주인이 요구하시면 언제든 드려야 하기 때문입니다.

그래서 기도의 자리는 나그네의 자리입니다. 나그네는 짐을 많이 두지 않습니다. 늘 옮겨 다녀야 하기 때문입니다. 결혼해서 스물일곱 번이나 이사 다녔다는 분을 만난 적이 있습니다. 일 년에 두 번 이사한 적도 있다고 합니다. 그러려면 짐을 많이 가질 수가 없겠지요. 이 땅에서 나그네 인생을 살려면 짐을 줄여야 하지 않겠습니까?

## 생명의 근원인
## 마음을 지키라

주인은 누구에게 물을 필요가 없습니다. 그러나 주인을 위해 일하는 사람은 다음에 어디로 가야 할지, 이 일이 끝나면 그다음에 무슨 일을 해야 할지 물어야 합니다.

이렇게 묻는 것이 기도입니다. 기도의 자리에 앉아야 자신이 누구인지 알고 깨닫습니다. 자신이 기도해야 하는 존재임을 기억하는 것이야말로 지혜 중의 지혜입니다. 그래서 지혜로운 사람은 지식이 많은 사람이 아니라 기도하는 사람입니다.

우리는 이 땅에서 나그네로 살기에 기도의 자리에서 묻고 또 물어야 합니다. 무엇을 버릴지, 무엇을 지킬지를 묻고 답을 얻어야 인생에서 승리합니다.

그러므로 기도의 자리는 승리의 자리이기도 합니다. 어떻게 해야 기도로 승리합니까? 먼저, 기도의 자리에서 자신을 꺾어야 합니다. 자신을 내려놓아야 하나님의 뜻을 분별하고, 걱정과 염려를 내려놓습니다. 그 결과, 승리하는 것입니다.

습관을 좇아 늘 기도하시던 예수님은 체포를 당할 때나 심문을 받을 때나 채찍질을 당할 때나 십자가에 못 박힐 때나 한결같으셨습니다. 그러나 겟세마네 동산에서 예수님이 세 번이나 깨워 주셨는데도 번번이 잠들었던 베드로는 어땠습니까? 예수님이 체포되시자 문 지키는 여종이 "너도 이 사람의 제자 중 하나가 아니냐"(요 18:17) 하고 물었을 때, 두려움에 사로잡혀서 예수님을 부인하고 말았습니다. 기도해야 할 때, 기도하지 않으면 두려움에 떨며 숨게 되어 있습니다.

성경은 신앙 여정에서 그런 일을 겪지 않으려면 이렇게 기도해야 한다고 가르칩니다.

> 모든 지킬 만한 것 중에 더욱 네 마음을 지키라 생명의 근원이
> 이에서 남이니라 잠 4:23

기도로 지킬 만한 것들이 여럿입니다. 그중에 가장 먼저 무엇을 지켜야 할 것은 마음입니다. 마음이 무엇입니까? 생명의 근원입니다. 성경은 생명이 마음에서 난다고 말합니다.

다른 종교에서는 마음공부를 특히 강조합니다. 평생 수양하며 마음공부 하라고 가르칩니다. 그러나 그리스도인은 마음공부 하는 사람이 아닙니다. 말씀에 마음을 묶는 사람입니다. 말씀이 마음

을 다스리도록 내어 주는 사람입니다. 이렇게 내어 주는 것을 묵상이라고 합니다. 마음에 묵상의 길이 열리는 것이 복입니다.

어떻게 해야 성령이 충만해집니까? 말씀으로 충만하면 됩니다. 어떻게 해야 영원한 생명을 얻습니까? 말씀으로 얻습니다. 말씀의 씨앗이 뿌려지고, 그 씨앗이 자라는 것이 영생이기 때문입니다.

사람은 스러지더라도 말씀은 사라지지 않습니다. 사람이 어느 날 홀연히 사라진 뒤에도 말씀은 비전이 되고, 생명이 되어 영원토록 이어질 것입니다. 왜냐하면, "하나님의 말씀은 살아 있고 활력"(히 4:12)이 있기 때문입니다. 하나님의 말씀이 선포되면 사라지지 않고 영원한 생명의 씨앗이 됩니다.

그리스도인의 기도가 다른 종교인의 기도와 본질적으로 다른 이유가 무엇입니까? 하나님의 말씀이 잉태되기 때문입니다. 그 말씀이 내 마음을 지켜주기 때문입니다. 그리스도인은 마음을 공부하는 대신에 말씀을 먹음으로 마음을 채웁니다. 그럼으로써 영원한 생명의 열매가 맺히기 시작하는 것입니다.

말씀이 내 안에 있으면 말씀을 따라 구합니다. 말씀을 따라 구하는 것이 영적인 기도입니다. 자기 생각을 따라, 자기 욕심을 따라 구하는 것은 육적인 기도입니다. 말씀이 마음을 다스리게 하지 않으면, 자기 생각과 욕심이 마음을 이리저리 사방으로 끌고 다닙니다. 마음에 정함이 없습니다. 정함이 없는 마음으로 기도하면, 기도해도 평안이 없고 응답이 없습니다.

내가 나를 끌고 가는 것이 힘들지 주님 손에 이끌려 간다면 무엇이 힘들겠습니까? 내가 마른 땅을 종일 걸어가는 게 힘들지 주님 등에 업혀 간다면 무엇이 힘들겠습니까? 어리석은 사람은 죽을힘을 다해 혼자서 해 내려고 하지만, 지혜로운 사람은 자기보다 능력 있는 사람을 찾아가지 않습니까? 평생 자기 힘으로 다 가지려고 애쓰는 사람은 어리석은 사람입니다.

그리스도인은 가진 것이 아무것도 없어도, 다 가진 자처럼 삽니다. 그렇게 살 수 있는 이유가 무엇입니까? 주님이 우리 아버지이시기 때문입니다. 세상을 다 가지신 분을 알기에. 그분을 의지하기에 든든한 것입니다. 생각하는 사람과 기도하는 사람은 다릅니다. 생각으로 기도하는 사람과 영으로 기도하는 사람이 다릅니다.


## 보지 못하는 것을 보는 것이 승리다

열왕기하 6장에 이스라엘이 아람과 싸울 때의 일이 기록되어 있습니다. 아람 군대가 공격을 시작할 때마다 이스라엘 군대가 미리 알고 방어합니다. 아람 왕의 마음이 점점 불안해집니다. 작전 기밀이 자꾸 새어 나간다고 의심하고, 부하들을 불러 진상을 밝히고자 합니다.

그러나 부하들은 누군가가 비밀을 누설해서 그런 것이 아니라 하나님의 선지자 엘리사가 왕의 침실에서 하는 얘기까지 다 듣고 이스라엘의 왕에게 고하기 때문이라고 대답합니다. 아람 왕이 많은 군사와 병거를 보내 도단에 있는 엘리사를 잡아 오게 합니다.

엘리사의 사환이 아침에 일찍 일어나 마당에 나가 보니 군사와 말과 병거가 성읍을 새까맣게 에워싸고 있습니다. 그 순간 혼비백산하여 엘리사에게 말합니다.

> [15] 하나님의 사람의 사환이 일찍이 일어나서 나가보니 군사와 말과 병거가 성읍을 에워쌌는지라 그의 사환이 엘리사에게 말하되 아아, 내 주여 우리가 어찌하리이까 하니 [16] 대답하되 두려워하지 말라 우리와 함께 한 자가 그들과 함께한 자보다 많으니라 하고 [17] 기도하여 이르되 여호와여 원하건대 그의 눈을 열어서 보게 하옵소서 하니 여호와께서 그 청년의 눈을 여시매 그가 보니 불말과 불병거가 산에 가득하여 엘리사를 둘렀더라
>
> 왕하 6:15~17

지금 엘리사와 사환은 같은 상황에 놓여 있습니다. 둘 다 적군에 포위되었습니다. 사환도 기도하는 사람이었을 것입니다. 기도의 거인과 함께 지내면서 기도하지 않았을 리가 없지 않습니까? 하지만 그는 아침에 눈을 뜨자마자 세상으로 나갔습니다.

그동안에 엘리사는 무엇을 했을까요? 그는 아람 군대가 자신을 잡으러 올 것을 알았을 것입니다. 그는 방문을 열기 전에 기도하는 사람입니다. 세상에 나가기 전에 기도하는 사람입니다. 사환은 눈을 뜨자마자 세상으로 나가지만, 엘리사는 먼저 하나님께 나아

갑니다. 사환은 세상을 먼저 보고, 엘리사는 하나님을 먼저 대면합니다. 사환은 세상의 고난을 보자 즉각 두려움에 빠지지만, 엘리사는 세상보다 크신 하나님을 대면하기에 평안합니다.

나는 이 이야기를 읽을 때마다 기도합니다.

"주님! 내 눈을 열어 마귀 떼보다 더 많은 천사를 보게 하소서! 세상의 악한 무리로부터 성도를 지키시는 천군 천사들의 불병거와 불말을 보게 하소서."

왜 세상이 두렵지 않겠습니까? 하지만 세상보다 크신 하나님을 보면 달라집니다. 세상보다 크신 이가 내 안에 계시면 달라집니다. 마귀가 새까맣게 몰려들어도 두렵지 않습니다. 마귀 떼보다 더 크고, 능력 있으신 분이 나를 감싸고 계심을 알기 때문입니다. 전능자의 그늘 아래 있음을 알면, 두려워하지 않습니다. 이것이 믿음의 자리요 기도의 자리입니다.

기도의 사람은 비전의 사람입니다. 영의 눈으로 보기 때문입니다. 엘리사는 기도의 자리에서 산에 가득한 불말과 불병거를 이미 봤지만, 사환은 보지 못합니다. 두 사람이 다같이 눈을 뜨고 있어도, 보는 사람과 보지 못하는 사람이 있기 마련입니다.

엘리사가 두려움에 떨고 있는 사환을 안심시킵니다. 그가 하나님께 다시 기도합니다. "하나님, 이 아이도 눈을 떠서 하나님의 위대하심을 보게 하소서." 사환은 눈앞에 펼쳐진 모습에 입을 다물지 못합니다. 그리고 그도 더는 두려워하지 않습니다.

이것이 기도의 자리에서 드려야 할 기도입니다. 엘리사가 사환을 두려움에서 건져 주었듯이 우리도 두려움에 사로잡힌 사람들을 건져 낼 수 있습니다. 이것은 먼저 믿은 자의 역할이자 할 일입니다.

못 보던 것에 눈을 뜨는 것이 승리입니다. 하나님을 모르는 사람이 하나님께 눈뜨도록 하는 것이 승리입니다. 불안한 자에게 평안을 안겨 주는 것이 승리입니다. 그래서 기도의 자리는 승리하는 자리입니다.


## 이미 이루어진 줄로 믿으라

여호수아는 어땠습니까? 가나안 정복이라는 소명 앞에 선 여호수아의 마음은 바람 앞의 등불과도 같았습니다. 이스라엘의 전무후무한 지도자 모세의 뒤를 잇는 부담감에 백성 앞에서 입을 여는 것조차 힘이 듭니다.

가나안 정복에 앞서서 여호수아가 먼저 정복해야 할 대상이 있습니다. 가나안 거민들에게 승리하기 전에 먼저 승리해야 할 대상이 있습니다. 이스라엘 백성을 지키기에 앞서 먼저 지켜야 할 대상이 있습니다. 하나님이 그에게 무엇보다 먼저 정복해야 할 것, 먼저 승리해야 할 것, 먼저 지켜야 할 것에 관해 말씀하십니다.

⁶ 강하고 담대하라 너는 내가 그들의 조상에게 맹세하여 그들에

게 주리라 한 땅을 이 백성에게 차지하게 하리라 ⁷ 오직 강하고 극히 담대하여 나의 종 모세가 네게 명령한 그 율법을 다 지켜 행하고 우로나 좌로나 치우치지 말라 그리하면 어디로 가든지 형통하리니 ⁸ 이 율법책을 네 입에서 떠나지 말게 하며 주야로 그것을 묵상하여 그 안에 기록된 대로 다 지켜 행하라 그리하면 네 길이 평탄하게 될 것이며 네가 형통하리라 ⁹ 내가 네게 명령한 것이 아니냐 강하고 담대하라 두려워하지 말며 놀라지 말라 네가 어디로 가든지 네 하나님 여호와가 너와 함께하느니라 하시니라 수 1:6~9

"강하고 담대하라"라고 말씀하십니다. 먼저 마음을 정복하고, 마음에 승리하며, 마음을 지키라는 말씀입니다. 어떻게 하면 강하고 담대할 수 있습니까? 말씀을 주야로 묵상하라고 합니다. 말씀대로 행하라고 합니다. 강하고 담대하기 위해, 우리가 해야 할 일은 무엇보다 마음을 지키는 일이고, 마음을 지키는 길은 곧 말씀에 자신을 붙들어 매는 것입니다.

기도의 자리란 생명의 말씀을 먹는 자리입니다. 먹은 말씀이 마음에 길을 내고, 마음을 이끌어 갑니다. 이것이 말씀에 자신을 붙들어 매는 것입니다. 생각의 길이 열리는 것이 아닙니다. 내 생각은 온종일 해 봐야 열매가 없습니다. 그러나 말씀을 묵상하면, 마음 가운데 대로가 열리며 놀랍게도 생명이 용솟음치는 기운을 느끼게 됩니다.

마음에 두려움이 있는 사람은 하나님이 여호수아에게 하신 말씀이 귀에 들리게 해 달라고 기도하십시오. 자기 이름을 넣어서 성경 본문을 다시 읽어 보십시오. 열 번이고 백 번이고 읽으십시오.

"정민아! 강하고 담대해라. 정민아! 내가 믿음의 조상에게 맹세하여 그들에게 주리라 한 땅을 너와 이 백성에게 차지하게 하겠다. 정민아! 오직 강하고 극히 담대하여 나의 종 모세가 네게 명령한 그 율법을 다 지켜 행하고 우로나 좌로나 치우치지 말라. 정민아! 그리하면 어디로 가든지 형통할 것이다. 정민아! 말씀이 네 입에서 떠나지 않게 하며 주야로 그것을 묵상하여 그 안에 기록된 대로 다 지켜 행하라. 정민아! 그리하면 네 길이 평탄하게 될 것이며 네가 형통하리라. 정민아! 내가 네게 명령한 것이 아니냐? 정민아! 강하고 담대해라. 정민아! 두려워하지 말며 놀라지 말라. 정민아! 네가 어디로 가든지 네 하나님 여호와가 너와 함께하느니라."

이렇게 기도하는데 두렵겠습니까? 싸우기 전에 두려움을 이기면 이미 이긴 것입니다. 마음을 지키면 두려움을 이깁니다.

마음이 불안하고 두려울 때, 생각에 빠지면 더 불안해집니다. 생각을 붙들고 가면 더 힘들어집니다. 그러니 모든 지킬 만한 것 중에 더욱 내 마음을 지키기 위해 기도해야 합니다. 이것이 우리가 기도하는 이유입니다.

말씀이 생명이 되어야 합니다. 말씀이 마음 가운데 능력이 되어야 합니다. 말씀에 사로잡힌 사람은 사람에게 사로잡히지 않습니다. 말씀에 사로잡힌 사람은 이미 세상을 이긴 사람입니다. 세상을 이기고 담대히 복음을 전한 사도 바울이 이렇게 기도하라고 권면합니다.

> 6 아무것도 염려하지 말고 다만 모든 일에 기도와 간구로, 너희
> 구할 것을 감사함으로 하나님께 아뢰라 7 그리하면 모든 지각에
> 뛰어난 하나님의 평강이 그리스도 예수 안에서 너희 마음과 생
> 각을 지키시리라 빌 4:6~7

기도란 마음과 생각을 지키는 자리입니다. 이 자리에서 승패가 갈리는 까닭은 사람의 생각이 말씀에 붙들리고, 그럼으로써 마음에 정한 바가 생겨 승리의 출발점이 되기 때문입니다.

세상에 승리하러 나가지 마십시오. 주님이 이미 이기셨기에 우리는 이기러 갈 필요가 없습니다. 이기신 분을 뒤쫓아 가면서, 승전가를 부르며 전리품을 노획하면 됩니다.

기도의 사람은 감사함으로 기도합니다. 예수님은 아버지께서 기도를 들어주실 것에 감사한 후에 기도하셨습니다. 죽은 나사로를 살려 주실 것에 감사하고 나서, "나사로야 나오라"(요 11:43) 하고 부르셨습니다.

우리도 그렇게 기도할 수 있을까요? 물론입니다. 기도로 마음을 지키고, 그 마음으로 다시 기도하십시오. 두려워서 기도하는 게 아니라 두렵지 않기에 기도하십시오. 이미 주심을 알고 감사함으로 기도하십시오. 절박한 기도 제목을 놓고 이렇게 기도하십시오.

"하나님 아버지! 내 필요를 아시고, 채워 주셔서 감사합니다."

그런데 그렇게 기도하고 눈을 뜨면 필요가 바로 채워집니까? 아닙니다. 현실은 달라지지 않습니다. 달라지지 않는다면 기도로 무엇을 이긴다는 말입니까?

사지가 없이 태어난 닉 부이치치는 하나님께는 불가능이 없다는 사실을 믿었습니다. 그래서 신발을 사다 놓고, 발이 생기게 해 달라고 간절히 기도했습니다. 하지만 끝내 발은 생기지 않았습니다.

그러나 그는 이제 두 발이 성한 사람들도 갈 수 없는 곳을 다닙니다. 전 세계에서 초청을 받습니다. 발이 없는 것이 그에게는 더 이상 장애가 아닙니다. 그는 수많은 사람에게 복의 통로가 되었습니다. 결국, 기도로 승리한 것입니다. 그의 기도는 새로운 발 대신에 장애가 더 이상 장애가 아닌 승리를 가져다주었습니다.

기도하면 경험하게 되는 승리가 있습니다. 첫째, 평강입니다. 유학 간 자녀에게 새 학기 등록금을 아직 송금하지 못했는데, 전화가 옵니다.

"아빠, 등록금을 보내느라 힘드시지요? 아빠, 감사해요. 졸업하면 꼭 갚을게요. 늘 기도하고 있어요."

아버지가 얼마나 감격하겠습니까? 기한에 맞춰 등록금을 송금할 준비를 합니다. 사실, 전화가 오지 않았어도 등록금을 마련해 보내 주었을 것입니다.

그러나 자녀의 기도가 자녀에게 평강을 주고, 아버지에게 기쁨을 주었습니다. 졸업하면 갚겠다는 말이 지키지 못할 약속이라는 것을 알지만, 아버지의 얼굴에는 근심이 아닌 기쁨이 가득합니다. 자녀는 등록금만을 위해 기도했을지 몰라도, 그 기도로 아버지의 마음을 사로잡고, 자신은 평강을 얻습니다.

우리가 싸워야 할 영적 전쟁에서는 한 번의 승리로 신앙을 지킬 수 없습니다. 사탄이 한 번의 패배로 물러서거나 사라지지 않기 때문입니다. 그때는 어떻게 해야 합니까? 어떻게 승리를 지속할 수 있습니까?

상황에 상관없이 이루어진 줄로 믿고 감사 기도부터 드리면 됩니다. 상황이 뚫리지 않고, 여전히 힘들고, 아무것도 보이지 않더라도 이미 이긴 줄로 알고 살기 위해 기도를 배우는 것입니다.

이것이 믿음의 길 아닙니까? 세상 사람들과 똑같이 구하고, 똑같이 괴로워하고, 똑같이 의심한다면 우리에게 무슨 능력이 있겠습니까? 이미 이루어진 줄로 믿음으로써 얼굴에 기쁨이 있게 되기를 바랍니다.


## 멈추지 않는 기도가
## 승리의 찬송이 된다

산모는 아기와 만나기 위해 산고를 치릅니다. 만날 수 있다는 믿음이 있어야 견뎌지고, 견디는 과정에 의미가 있고, 의미가 있어서 산고마저도 보람되고 기쁜 것입니다. 그런 기쁨을 놓치지 않기를 바랍니다. 인생의 마지막 날이라도 두려워할 필요가 없습니다.

고난의 길 가운데 주님이 함께하심을 믿으십시오. 어떤 어려움이 있어도, 무슨 일이 있더라도 하나님은 그 어려움을 통해서 더 큰 영광을 약속하고 계심을 믿으십시오. 우리는 주님을 흔들어 깨우는 사람들입니다. 그러므로 부르짖어 기도하고 찬양하면 주님이 우리 마음과 생각을 먼저 지켜 주실 것입니다.

> 6 예루살렘이여 내가 너의 성벽 위에 파수꾼을 세우고 그들로 하여금 주야로 계속 잠잠하지 않게 하였느니라 너희 여호와로 기억하시게 하는 자들아 너희는 쉬지 말며 7 또 여호와께서 예루살렘을 세워 세상에서 찬송을 받게 하시기까지 그로 쉬지 못하시게 하라 사 62:6~7

바울이 어떻게 기도하라고 조언합니까? "쉬지 말고 기도하라"(살전 5:17)고 말합니다. 성벽 위에 파수꾼을 세워 주야로 잠잠하지 않게 하였듯이 하나님이 기억하시도록 끊임없이 기도를 올려 드리는 힘으로 승리하라고 권면합니다. 결국, 그렇게 멈추지 않는 기도가 승리의 찬송이 됩니다.

우리가 왜 찬양합니까? 하나님이 기억해 주신 것에 감사하고, 승리하게 하실 것에 미리 감격하기 때문입니다. 그래서 쉬지 않는 기도는 승리의 기도이자 감사의 기도가 됩니다.

> 그리스도의 평강이 너희 마음을 주장하게 하라 너희는 평강을
> 위하여 한 몸으로 부르심을 받았나니 너희는 또한 감사하는 자
> 가 되라 골 3:15.

기도의 자리에서 자신을 꺾고 얻는 승리의 첫 번째 선물이 평강
이요 두 번째 선물은 감사요 세 번째 선물은 찬양입니다. 기도의
승리가 안겨 주는 전리품들입니다. 평안과 감사와 찬양이 있으면,
전쟁터에 있어도 든든한 참호 속에 있는 것과 같습니다.

시편 기자는 하나님의 날개 아래가 바로 승리의 자리임을 알았
습니다. 기도의 자리가 곧 하나님의 날개 아래입니다. 야베스의 기
도를 기억합니까?

> 야베스가 이스라엘 하나님께 아뢰어 이르되 주께서 내게 복을
> 주시려거든 나의 지역을 넓히시고 주의 손으로 나를 도우사 나
> 로 환난을 벗어나 내게 근심이 없게 하옵소서 하였더니 하나님
> 이 그가 구하는 것을 허락하셨더라 대상 4:10

야베스는 자기의 지역을 넓히고 환난을 벗어나 근심이 없게 해
달라고 기도했습니다. 하나님은 어떤 순서로 응답하실까요? 먼저
근심이 없게 하시고, 환난을 벗어나게 하시고, 지역을 넓혀 주십
니다.

우리가 구하는 순서와 하나님이 응답하시는 순서가 다르더라도

당황하지 마십시오. 하나님의 순서에 순종하기를 바랍니다. 하나님은 세상을 이길 만한 믿음이 있는가를 먼저 보십니다. 믿음으로 승리해 내기를 바라시기 때문입니다.

기도의 사람은 마른하늘에서 작은 구름 한 조각만 보여도 곧 큰비가 내릴 것을 내다볼 수 있습니다. 하나님이 은혜의 큰비를 준비하고 계심을 알고 믿기에 볼 수 있는 것입니다.

기도의 자리에서 승리하지 않으면, 세상에 나가서도 승리하지 못합니다. 기도의 자리에서 먼저 승리를 맛보기에 두려움 없이 나아가 세상에서 승리를 증명합니다.

그러니 세상보다 크신 하나님의 능력을 보게 해 주시길 기도하십시오. 불병거와 불말이 교회와 가정과 일터를 에워싸고 있음을 눈을 열어 보게 해 달라고 기도하십시오.

기도로 마음을 지키고,

그 마음으로 다시 기도하십시오.

# 10
## chapter

기도의 승리

# 어떻게 해야 승리하는가

예수님이 세상에 오신 이유가 무엇입니까? "그를 믿는 자마다 영생을 얻게"(요 3:15) 하시기 위해 오셨습니다. "섬김을 받으려 함이 아니라 도리어 섬기려" 오셨고, "자기 목숨을 많은 사람의 대속물로" 주기 위해 오셨습니다(마 20:28). "주는 그리스도시요 살아 계신 하나님의 아들이시니이다"(마 16:16)라는 믿음의 고백 위에 음부의 권세가 흔들지 못하는 교회를 세우기 위해 오셨습니다.

과연 주님은 말씀대로 다 이루셨습니까? 다 이루셨습니다. 어디서 이루셨습니까? 십자가에서 이루셨습니다.

우리 신앙은 예수님이 다 이루셨다는 이해할 수 없는 말씀 위에서 시작됩니다. 또한, 기도는 예수님이 다 이루셨다는 받아들이기 힘든 선포를 바탕으로 시작되어야 합니다. 여기서 시작하지 않으면, 자기 감정, 자기 이성, 자기 의지가 출발점이 됩니다. 그러면 자기 형편과 처지에 따라 믿음의 온도가 날마다 오르락내리락합니다.

기도가 빗나가고, 신앙이 어그러지는 이유가 무엇입니까? 예수님을 주님으로 고백하는 사람이 이토록 많은데도, 시대가 타락할 수밖에 없는 까닭은 우리 기도의 출발점이 빗나가도 한참 빗나갔기 때문입니다.

## 우리의 씨름 상대가 누구인가

주님의 말씀을 따라 살지 않으면, 일껏 잘 믿는다고 생각하며 잘 가고 있다고 안심했어도 어느새 엉뚱한 곳에 와 있는 자신을 발견하게 될 것입니다. 어쩌다가 거기까지 왔는지 알 길이 없다고 말합니다. 어쩌다가 교회가 그 지경이 되었는지는 아무도 말하지 않습니다. 몰라서 말하지 못하는 겁니까? 아닙니다.

돌이키기에는 너무 멀리 왔기 때문입니다. 그러나 돌아가야 합니다. 첫 자리로 돌아가 새로 시작해야 합니다. 그 외에는 다른 길이 없습니다.

주님은 우리를 기도의 자리로 부르기 위해 오셨습니다. 주님이 다 이루셨음을 다시 한 번 선포하고, 다 이루신 주님을 출발점으로 삼아야 합니다. 그리고 기도의 자리에서 우리를 위해서 남김없이 쏟아 부어 주신 주님의 사랑에 흠뻑 젖음으로써 우리도 누군가에게 하나님이 주신 또 하나 선물이 되기를 결단해야 합니다.

예수님이 다 이루시기 위해 공생애 동안 하신 일의 핵심이 무엇입니까? 구원입니다. 구원이 필요한 이유는 무엇입니까? 죄 때문입니다. 죄는 어디서 시작됩니까? 사탄입니다. 그렇다면, 죄에 묶인 사람을 구원하려면 누구와 싸워야 합니까? 사탄과 싸워야 합니다. 죄인과 싸울 게 아닙니다. 죄인과 싸워 봐야 아무 소득이 없습니다.

사탄이 왕 노릇 하는 세상은 늘 우리를 겁박합니다. 온갖 위험이 도사리고 있기에 맨몸으로 나가서 싸워 봐야 이기지도 못합니다. 우리가 무슨 힘으로, 무슨 재주와 능력으로 싸우겠습니까? 눈에 보이지 않는 영적 존재와 무슨 수로 싸우겠습니까?

그러니 싸움은 우리에게 속한 것이 아닙니다. 주님이 이미 이기신 싸움을 하는 것뿐이라는 본질을 놓치면, 싸워 보지도 못하고 끝나는 인생이 될 것입니다. 우리가 싸울 전장은 두 곳입니다. 기도의 자리와 보냄 받은 세상의 자리입니다.

아말렉과의 전쟁에서 모세와 여호수아가 양쪽에서 싸웠습니다. 바울이 이 싸움의 실상을 알려 줍니다.

> 우리의 씨름은 혈과 육을 상대하는 것이 아니요 통치자들과 권세들과 이 어둠의 세상 주관자들과 하늘에 있는 악의 영들을 상대함이라 엡 6:12

이 말씀은 싸움의 본질이 무엇인지를 알려 줍니다. 먼저, 우리 싸움은 씨름입니다. 싸움의 형태가 총격전이 아닌 레슬링이라는

데 주목할 필요가 있습니다. 서로 밀고 당기며 엎치락뒤치락하는 싸움입니다. 대개 단숨에 끝나는 법이 없습니다. 매일같이 계속되는 싸움입니다. 때로는 젖 먹던 힘까지 내서 싸워야 하고, 때로는 내 힘을 쓰지 않고 상대방이 자기 힘에 스스로 넘어가는 절호의 타이밍을 기다려야 합니다.

우리의 씨름 상대는 세상에서 어떤 얼굴로 나타납니까? "통치자들과 권세들과 이 어둠의 세상 주관자들"로 나타납니다. 한마디로 막강한 힘이 있는 권력자입니다. 골리앗이나 네피림의 후손들처럼 상대하기에 버거운 사람들입니다.

우선 크기만 놓고 봐도 싸울 엄두가 나지 않습니다. 이스라엘 전 군대가 골리앗 한 사람 앞에서 주눅이 들어서 전의를 다 잃지 않았습니까? 그가 하나님을 모욕해도 누구 하나 선뜻 나서서 맞서질 못했습니다. 다윗이 올 때까지는 말입니다. 그런데 만일 그런 골리앗이 수백, 수천, 수만이 있다면 무슨 수로 그들을 상대하겠습니까?

게다가 그들의 뒤에 어른거리는 존재가 있으니, 바로 "하늘에 있는 악의 영들"입니다. 이 영들과 어떻게 싸웁니까? 눈에 보이지 않는 영들과 무슨 재주로 싸웁니까?

이러한 현실을 직시하지 않으면, 우리는 자기도 모르는 사이에 생각과 행동으로 적을 이롭게 할 수도 있습니다. 배후를 모른 채 속기 때문입니다.

예수님이 십자가를 지시리라는 말씀을 듣고 베드로가 펄쩍 뛰지 않았습니까? "십자가를 지시다니요? 안 됩니다!" 그는 스스로 의식하지 못한 채 대적의 편에 섰던 셈입니다. 또한, 이스라엘의 초대 왕 사울은 별생각 없이 하나님의 뜻을 거슬렀습니다. 제사장 사무엘이 약속 시간에 나타나지 않자 '내가 직접 제사를 드리면 될 게 아니냐' 하고 직접 번제를 드렸던 것입니다.

하나님이 이스라엘 백성의 장로 칠십 인을 장막으로 부르셨을 때, 장막에 나오지 않은 엘닷과 메닷이 자기 진영에서 예언하자, 여호수아가 모세에게 "그들을 말리소서"(민 11:28) 하고 말하지 않았습니까? 그러자 모세가 뭐라고 대답했습니까? "네가 나를 두고 시기하느냐 여호와께서 그의 영을 그의 모든 백성에게 주사 다 선지자가 되게 하시기를 원하노라"(민 11:29)라고 대답하지 않았습니까? 하마터면 여호수아도 하나님의 뜻을 거스를 뻔했습니다.

이처럼 자기 생각과 자기 마음대로 할 수 있는 이유는 언제나 넘쳐 납니다. 그러나 그것은 사복음서가 아닌 '내가복음'을 따른 것일 뿐입니다.

영적 세계의 사건은 한순간에 일어납니다. 왜 구제할 때 오른손이 하는 것을 왼손이 모르게 해야 합니까? 오른손이 한 일을 널리 알려서 헌금을 더 많이 걷으면, 더 큰 일을 하게 되지 않겠습니까? 교회를 더 크게 짓고, 좋은 일을 더 많이 하고, 구제를 더 많이 하면 좋지 않겠습니까? 뭐가 나쁩니까? 세상에서 능력에 따라 연봉을 책정하듯이 사역도 경쟁적으로 하면 더 잘할 텐데, 왜 그렇게 하면 안 됩니까? 왜 하나님의 일은 그토록 비효율적이고 비생산적인 방법으로 하라고 하십니까?

세상의 일과 하나님이 원하시는 일이 본질적으로 다르기 때문입니다. 그래서 하나님의 일은 하나님의 방법대로 해야 합니다. 효율보다 사랑이 우선이고, 생산보다 섬김이 우선입니다.

우리의 씨름 상대가 힘을 추구하는 자들이라는 것을 깨닫는 것이 핵심입니다. 그들과 힘으로 싸워서는 절대로 이기지 못한다는 것을 알아야 합니다. 하나님의 일을 세상적인 방법으로 하기 시작하는 순간 대적들에게 틈을 내어 주게 되고, 결국 그 일은 하나님의 일이 아니라 대적들의 일이 되기 때문입니다.

누가 알고 걸려듭니까? 모릅니다. 죽는 날까지 모릅니다. 부지불식간에 대적의 손아귀에 걸려들기 때문입니다. 하나님의 일을 한다고 철석같이 믿지만, 실은 사탄의 일을 돕는 것입니다.

세상이 멸망하는 이유가 이것입니다. 하나님 안에서 하루를 살지 않으면, 하나님의 방법으로 일하지 않으면, 우리는 한순간에 무너지게 되어 있습니다. 교회가 교회 되기 위해서는 성도들이 서로 깨어 있어야 하고, 철이 철을 날카롭게 하듯 서로 권면하며 격려해야 합니다. 이것이 하나님의 일을 하는 방법입니다.


## 하나님의 일은
## 하나님의 방법으로

선한 의도로 좋은 목적을 세웠지만, 악

한 방법으로 그 일을 이룬다면 어떻게 되겠습니까? 도스토옙스키(Dostoevskii)의 《죄와 벌》을 보십시오. 가난한 대학생 라스콜니코프는 학자금을 마련하기 위해서 악덕 고리대금업자 노파를 살해합니다. 과연 선한 목적이 악한 방법을 정당화할 수 있습니까?

극단적으로 들리겠지만, 세상에는 이런 일들이 부지기수로 일어납니다.

사사기에 보면, 타락한 레위인이 자기 첩이 살해당하자 시신을 열두 덩이로 나누어 열두 지파에 보내는 사건이 벌어집니다(삿 19장). 그 일로 결국 내전이 일어나서 베냐민 지파가 사라질 위기에 처하는데, "딸을 베냐민에게 아내로 주는 자는 저주를 받으리라"(삿 21:18)라는 맹세 때문에 다른 지파에서 딸을 주지 못하게 됩니다.

베냐민 지파의 존립을 위해 그들이 생각해 낸 아이디어가 무엇입니까? 모른 체할 테니, 명절에 실로의 여자들이 춤추러 나오거든 포도원에 숨었다가 한 명씩 납치해 가라는 것이었습니다.

목적이 괜찮으면, 방법은 문제 될 게 없다고 생각하고 행동하는 것이 바로 "자기 소견에 옳은 대로"(삿 21:25) 사는 모습입니다. 그런 삶의 결과는 악순환뿐입니다. 세상이 왜 이 지경이 되었겠습니까? 각자 자기 소견에 옳은 대로 살기 때문입니다. 다들 자기 생각이 옳다고 한마디씩 합니다. 얼마나 시끄러운지 모르겠습니다.

하나님이 보시기에 합당한 목적을 과연 합당한 방법으로 이루고 있는지 날마다 점검해야 합니다. 그렇게 하지 않으면, 세상이

끌어당기는 힘이 너무나 강력하기 때문에 속수무책으로 끌려가게 됩니다. 교회에 몸만 왔다 갔다 할 뿐, 세상적인 기준으로 생각하는 이유가 여기에 있습니다.

하나님의 방법으로 승리한 것이 아니면, 이기고 나서도 바로 서지 못하고 결국은 쓰러지고 맙니다. 다 이겨 놓고 지는 일을 한두 번 봅니까? 힘든 선거에서 이겨 국회의원이 되었는데 어떻게 넘어집니까? 나라와 민족을 위해서 결단하고 정치를 시작한 사람들입니다. 처음부터 타락하려고 시작했겠습니까? 처음부터 타락하려고 목회를 시작하는 목사가 어디 있겠습니까? 성추행하려고 안수받는 사람이 어디 있겠습니까? 그럼에도 불구하고, 의도하지 않은 상황에서 의도한 사건에 휘말리면 그렇게 되고 맙니다. 선한 목적도 자신을 드러내려고 하는 순간에, 악한 영에 낚아채이게 되는 것입니다.

목적이 선하면 방법은 좋지 않아도 괜찮다고 생각하지 마십시오. 아닙니다. 선한 목적은 악한 방법으로 이루어지지 않습니다. 하나님은 우리를 그렇게 부르지 않으셨습니다. 하나님의 선하심을 맛보아 알았어도 일을 이루시는 하나님의 원칙을 놓쳐 버리면, 한순간에 길을 잃어버릴 수 있습니다. 기도하며 몸부림쳐야 하나님의 목적을 하나님의 방법대로 이루어 드릴 수 있습니다.

우리가 기도의 자리로 들어가야 하는 까닭은 싸움의 본질이 무엇인지를 정확히 알고 나아가야 하기 때문입니다. 하나님은 선한 일을 악한 방법으로 행하는 법이 없으십니다. 인간의 악을 통해서도 선을 이루시는 분이지만, 악을 없애기 위해서 스스로 악을 행하시는 분이 아닙니다. 악이 악을 멸하도록 내버려두실 뿐입니다. 그래서 하나님은 그림자가 없는 빛이십니다.


## 하나님의 군사가
## 갖추어야 할 것

하나님의 군사로 부름 받은 자가 제일 먼저 해야 할 일이 무엇입니까?

> 그러므로 하나님의 전신 갑주를 취하라 이는 악한 날에 너희가 능히 대적하고 모든 일을 행한 후에 서기 위함이라 엡 6:13

하나님의 전신 갑주를 입는 일입니다. 세상의 전신 갑주가 아닙니다. 사울 왕은 다윗에게 이스라엘에서 가장 귀한 갑주, 자기가 입고 있던 왕의 갑주를 내 주었습니다. 하지만 다윗의 몸에 맞지도 않고 무겁기만 했습니다. 그는 왕의 갑주를 벗어 버리고, 하나님의 전신 갑주를 입고 나아가 골리앗을 이겼습니다.

하나님의 전신 갑주를 입지 않고서는 세상과의 싸움에서 이길수가 없습니다. 당당히 설 수조차 없습니다. 기도의 자리가 승리의 자리인 것은 하나님의 전신 갑주를 입는 자리이기 때문입니다.

<sup>14</sup> 그런즉 서서 진리로 너희 허리띠를 띠고 의의 호심경을 붙이고 <sup>15</sup> 평안의 복음이 준비한 것으로 신을 신고 <sup>16</sup> 모든 것 위에 믿음의 방패를 가지고 이로써 능히 악한 자의 모든 불화살을 소멸하고 <sup>17</sup> 구원의 투구와 성령의 검 곧 하나님의 말씀을 가지라
엡 6:14~17

전쟁과 관련된 격언이 몇 가지 있습니다. 첫째, 유비무환(有備無患)입니다. 준비 되어 있으면, 적이 함부로 넘보지 못합니다. 둘째, "지피지기(知彼知己)면 백전백승(百戰百勝)"입니다. 나를 알고, 적을 알면 이깁니다. 나를 모른 채 적을 이기면 이기고 나서도 집니다. 나도 모르고 적도 모르면 말할 것도 없습니다.

기도의 자리는 나를 알고 적을 아는 자리입니다. 그 일을 위해 하나님께 지혜를 구하는 시간입니다. 사람에게 물으면 사람 수준의 지혜를 얻고, 하나님께 물으면 하나님 수준의 지혜를 얻습니다. 하나님의 지혜는 늘 이기는 지혜입니다. 사람의 눈으로 보면 분명히 질 것 같은데 절대로 지지 않습니다. 사람의 눈으로 보면 죽은 것 같은데 실은 살아 있습니다. 이것이 하나님의 세계입니다.

하나님의 지혜를 가진 사람만이 늘 이기는 싸움을 합니다. 어떻게 해서 이깁니까? 먼저, 진리의 허리띠를 띱니다. 하나님이 곧 진리이시기에 진리의 편에 서면 지는 일이 없습니다.

그리고 의의 호심경(護心鏡)을 붙입니다. 불법이 나를 지켜 줄 것 같지만 불법은 나를 사로잡아 죄의 포로가 되게 합니다. 의로움이 나를 지킵니다. 그다음에 평안의 복음을 신고, 믿음의 방패를 가지고, 구원의 투구를 쓰면 방어 무기는 완비된 것입니다.

공격 무기는 없습니까? 딱 하나 있습니다. 바로 성령의 검입니다. 성령의 검은 하나님의 말씀입니다. 이렇게 해서 진리의 허리띠에서부터 성령의 검까지 전신 갑주를 갖춥니다.

전신 갑주를 갖추고 가는 곳이 어디입니까? 두 곳이 있습니다. 기도의 자리와 일상의 자리입니다. 두 곳 모두 전장이므로, 어디를 가건 전신 갑주를 갖추고 가야 합니다.

사실, 영적 전쟁은 기도의 자리에서 더욱 치열합니다. 그래서 전신 갑주가 필요합니다. 그러나 일단 갖추고 나면 두려울 게 없습니다. 하나님의 군사에게 완전 군장은 하나님 안에 있는 것입니다.

우리의 의로움은 자신에게서 나오지 않습니다. 하나님의 진리로 허리에 동일 때 의로움을 얻습니다. 이익의 신을 신으면 잠시는 이익을 거두는 것 같지만 멀리까지 가지는 못합니다. 가는 길에 다 잃어버리고 맙니다. 끝까지 사명을 다하려면 평안의 복음으로 준비한 신을 신어야 합니다.

우리는 수많은 가짜 뉴스, 거짓 정보에 시달립니다. 특히 하나님과의 관계를 이간질하는 잘못된 정보가 많습니다. 주님을 향한 사랑과 신뢰를 저버리고도 끔찍하게 공격합니다. 그것을 다 막아 내는 것이 믿음의 방패입니다. 이간질에 놀아나지 않고, 시기심에 거꾸러지지 않도록 믿음이 막아 줍니다.

머리를 다치면 치명상을 입듯이, 구원의 본질을 잃어버리면 영원한 생명을 놓치게 됩니다. 구원의 투구로 머리를 보호해야 사탄의 사특한 능력을 구하지 않습니다. 맨머리로 세상에 나섰다가는 엉뚱한 데 정신을 빼앗기고 맙니다.

우리가 무엇으로 세상과 싸우겠습니까? 돈으로 싸웁니까? 권력으로 싸웁니까? 지식이나 학벌로 싸웁니까? 세상은 그런 것들로 싸우려고 덤빕니다. 하지만 기도하는 사람보다 많은 것을 가진 사람이 없고, 기도하는 사람보다 더 지혜로운 사람이 없습니다. 기도하는 사람은 늘 하나님의 전신 갑주를 입고 있기 때문입니다.

바울이 로마의 감옥에서 에베소 성도들에게 기도를 부탁하며 기도로 승리하는 비결을 알려 줍니다.

> 모든 기도와 간구를 하되 항상 성령 안에서 기도하고 이를 위
> 하여 깨어 구하기를 항상 힘쓰며 여러 성도를 위하여 구하라
> 엡 6:18

기도하는 사람의 승리 비결은 "항상 성령 안에서" 기도하는 것입니다. 전신 갑주를 입고 성령 안에서 모든 기도와 간구를 드립니다. 성령 안에서 기도하는 성도는 119구조대와도 같습니다. 다른 성도들을 위해 기도할 수 있기 때문입니다. 기도하지 않는 것은 불순종입니다.

중보기도는 기도로써 하나님의 기쁨에 이르게 하는 하나님의 선물입니다. 자신의 기도 제목은 깜빡 잊은 채로 이웃을 위해 기

도하다가 자기 기도의 응답까지 받는 것은 기도하는 사람에게 주어진 특권입니다. 이웃 성도들을 위해 기도했을 뿐인데, 신기하게도 내 자녀가 잘 자라 줍니다. 성령이 말할 수 없는 탄식으로 간구하시는 바를 따라 기도했더니, 어느새 걱정하고 염려했던 일들이 슬그머니 응답되었음을 알게 됩니다. 하나님의 나라와 그의 의를 구하며 기도했더니, 내 모든 필요가 채워져 부족한 것이 없음을 깨닫습니다. 이런 경험을 한다면, 얼마나 감사하겠습니까?

그렇다면 자기 자신을 위해서는 무엇을 구해야 할까요?

> [19] 또 나를 위하여 구할 것은 내게 말씀을 주사 나로 입을 열어 복음의 비밀을 담대히 알리게 하옵소서 할 것이니 [20] 이 일을 위하여 내가 쇠사슬에 매인 사신이 된 것은 나로 이 일에 당연히 할 말을 담대히 하게 하려 하심이라 엡 6:19~20

바울은 감옥에 갇힌 자신을 위해 기도해 주기를 부탁합니다. 부탁은 단 한 가지입니다. 말씀을 주셔서 복음의 비밀을 담대히 전하게 해 달라는 것뿐입니다. 감옥에 있는 것도 그 때문이라는 것입니다. 이 정도면 복음에 미친 사람이 분명합니다.

정말 때를 얻든지 못 얻든지 전도하는 성도가 있습니다. 바울과 같은 사람들입니다. 그들은 열정이 넘치고, 잘 웃고, 쉽게 베풉니다. 참 밝습니다. 복잡하지 않고 단순합니다. 하나님이 기뻐하실 모습입니다. 그리스도인은 하나님과 친밀해질수록 자신을 위해 요구하는 것이 점점 줄어듭니다. 일일이 구하지 않아도 필요를 채워 주심을 알기 때문입니다. 그래서 마음이 늘 넉넉합니다.

그런데 자기 욕심을 채우느라 가슴 졸이고, 서로 비교하며 갈등을 빚는 우리는 무엇에 미친 것입니까? 자기 자신에게 미친 것 아니겠습니까? 이보다 어리석은 일이 어디 있겠습니까?

교회의 기도 제목은 무엇이어야 합니까? 세상의 죽어 가는 영혼들을 위해서 무엇을 기도해야 합니까? 하나님의 말씀을 담대히 전하게 해 달라는 것이 아니겠습니까? 자기 자신이 아닌 복음에 미치게 해 달라고 기도해야 하지 않겠습니까?


## 우리의 땅끝은
## 어디인가

적이 누구인지 알면 교회에서 우리끼리 싸우겠습니까? 우리끼리 분열하겠습니까? 나라가 왜 사분오열합니까? 주적(主敵) 개념이 없어져서 그렇습니다. 누가 적인지를 모르니 우리끼리 싸우는 것입니다.

예수님이 정신 차리라고 말씀하십니다.

17 예수께서 그들의 생각을 아시고 이르시되 스스로 분쟁하는 나라마다 황폐하여지며 스스로 분쟁하는 집은 무너지느니라 18 너희 말이 내가 바알세불을 힘입어 귀신을 쫓아낸다 하

니 만일 사탄이 스스로 분쟁하면 그의 나라가 어떻게 서겠느냐
눅 11:17~18

전쟁에서 가장 큰 비극은 적을 동지로 알고, 동지를 적으로 오인하는 것입니다. 더 큰 비극은 적을 앞에 두고도 서로 시기하고 음해하며 끌어내리는 것입니다. 적 앞에서 사분오열하는 것입니다. 역사에 흔한 이야기입니다. 교회 안에서도 흔한 일입니다.

예수님이 경고하십니다. "대적들도 그렇게는 안 한다!" 사탄도 바알세불도 안 그러는데, 도대체 우리가 무슨 짓을 하는 것입니까? 왜 정신없는 짓을 합니까?

하나님의 전신 갑주를 놓쳤기 때문입니다. 전신 갑주를 입지 않은 채로 기도하면 판판이 당합니다. 기도하는 족족 낚아채이고 맙니다. 하나님을 위해 구한다고 생각했는데, 알고 보니 사탄을 위해 구한 꼴이 되는 것입니다. 베드로가 그랬고, 가룟 유다가 그랬습니다. 사탄은 그런 능력이 있는 존재입니다.

기도의 자리에 앉았다고 안심하지 마십시오. 그 자리가 영적 전쟁에서 가장 위험한 곳이기 때문입니다. 전신 갑주를 다시금 동여매십시오. 머리부터 발끝까지 완전 무장하고 일상에 나가 싸우십시오. 무엇보다도 교회가 다시 기본으로 돌아가기를 위해서 기도하십시오. 교회가 말씀과 성령으로 돌아가기를 위해 간구하십시오.

하나님은 우리를 사랑하십니다. 예수님은 우리를 사랑하시되 끝까지 사랑하십니다. 성령님은 우리로 하여금 서로 사랑하도록

이끄십니다. 사탄도 서로 싸우면 자기 나라를 세우지 못합니다. 서로 싸워서는 하나님 나라를 세울 수 없습니다. 서로 사랑하는 일보다 하나님을 위해 일하는 확실한 방법은 없습니다. 서로 싸우면서는 하나님의 일을 할 수 없습니다.

우리는 영적 전쟁에서 이미 승리하신 분 안에 있습니다. 주님이 명령하십니다.

"서로 사랑해라. 그러면 세상 모든 사람이 너희가 내 제자인 줄 알 것이다."

교회가 서로 사랑하면 사탄이 어떤 방법을 동원해도 절대로 교회를 넘어뜨리지 못합니다.

나는 이웃이야말로 땅끝이라고 생각합니다. 사명을 따라 땅끝을 향해 계속 나아가면, 결국 마지막에 닿는 곳은 바로 내 곁에 있는 이웃일 것입니다. 그러나 자신의 내면을 통찰하지 않은 채로 계속 나아간다면, 결국 다다르는 곳은 바로 자기 자신일 것입니다.

땅끝까지 가느라고 자신을 돌아보는 시간을 소홀히 하지는 않았는지 돌아보십시오. 땅끝을 품고 기도하면서도, 정작 가까운 이웃에게는 소홀하지 않았는지 살펴보십시오. 열심히 기도한다고 했지만, 전신 갑주를 벗은 채로 기도해 온 것은 아닌지 점검해 보십시오.

기도의 자리에서 승리하고, 일상의 자리에서도 승리할 수 있기를 바랍니다. 하루하루 사느라 수고가 많은 인생입니다. 더욱 성령 충만하십시오.

기도하는 사람의 승리 비결은

'항상 성령 안에서'

기도하는 것입니다.

기도의 열매

# 기도하는 사람은

# 어떻게 다른가

>>>>

 

 

믿음을 가진 사람과 갖지 않은 사람의 가장 큰 차이점은 삶의 일관성입니다. 우리는 늘 하나님을 의식하면서 살기에 어디에 가든 어디에 있든 "하나님이 내 앞에 계신다, 하나님이 나와 함께하신다"라는 임마누엘 신앙이 있습니다. 이 믿음 덕분에 어디에 있건 무슨 일을 하건 누구를 만나건 변함이 없는 사람이 되는 것입니다.

주님이 안 계신다면, 우리는 시시각각 달라질 것입니다. 주님이 안 계신다면, 나보다 괜찮은 사람을 만나거나 나보다 뛰어난 사람을 만나면 주눅 들고, 나보다 못한 사람을 만나거나 나보다 약한 사람을 만나면 우월감에 빠져 교만해질 것입니다. 그래서 마음이 하루 종일 요동칠 것입니다. 누구를 만나느냐에 따라 변하는 자신의 모습에 스스로 놀라며 괴로워해 본 적이 있지 않습니까?

회사에서 윗사람한테는 너무나 잘하는데, 아랫사람은 쥐 잡듯이 잡는 사람이 있습니다. 아래위로는 다 잘해도, 동기들과는 관계를 맺을 줄 모르는 사람도 있습니다. 자기 필요에 따라, 자기 기준에 따라 사람들을 대하기 때문입니다. 그러니 누군가에겐 좋은 사람이지만, 어떤 사람들에게는 몹쓸 사람이 되고 맙니다. 인물평이 들쭉날쭉할 수밖에 없습니다. 자기 기준으로 살면, 만나는 사람에 따라 카멜레온처럼 변할 것입니다.

그러나 코람 데오(Coram Deo: '하나님 앞에서'라는 뜻)의 믿음이 있는 사람은 누구를 만나건 하나님 앞에서 만나는 것이기에 하나님을 대하듯 하게 됩니다. 하나님 앞에 있다는 자각 때문에 무슨 말을 하건 하나님께 말하듯 하게 되는 것입니다. 이렇듯 자기 관점이 아닌 하나님의 관점으로 세상을 바라보기 때문에 삶 전체가 일관성을 지니게 됩니다.


## 하나님 앞에서 사는
## 일관성

언론인으로 살면서 별의별 사람을 다 만나 봤습니다. 대통령을 만날 때는 들어갈 때부터 90도로 허리를 꺾고, 나와서는 허리가 뒤로 넘어가는 사람이 있었습니다. 엘리베이터에서 말단 직원과 마주치니 '무엄하게도' 자기와 함께 엘리베이터를 탔다고 타박까지 했습니다. 세상에서는 그런 사람들이 출세합니다.

출세(出世)를 문자 그대로 읽으면 세상에서 빠져나오는 것입니다. 그리스도인에게 출세는 악한 세상, 못난 세상에서 한 발 빼는 것입니다. 세상에서의 성공이 출세가 아니라 구원이 곧 출세입니다. 구원받은 백성이란 세상에서 살 수밖에 없지만, 세상의 기준에서는 벗어나 살아가는 사람들입니다.

출애굽한 이스라엘 백성이 가나안 땅으로 들어가기 전에 각 지파에서 대표를 뽑아 정탐을 보냈습니다. 열두 명이 그 땅의 형편을 살피고 돌아와 보고대회를 합니다. 열 명이 같은 얘기를 하고, 두 명만 다른 얘기를 합니다.

열 명은 "그 땅의 백성은 우리보다 키가 크고, 철병거를 가졌으니 난공불락이오. 가면 우린 다 죽습니다"라고 주장하고, 갈렙과 여호수아는 "과연 그 땅은 젖과 꿀이 흐르는 땅이오. 하나님이 우리에게 주셨으니, 그들이 아무리 덩치가 크다 해도 우리의 밥일 뿐입니다"라고 주장합니다.

백성은 어느 편의 보고에 귀를 기울였을까요? 그들은 다 죽게 생겼다면서 밤새 울고불고 난리를 칩니다. 기껏 애굽에서 빠져나왔더니 가나안 땅에서 죽게 되었다고 통곡합니다. 모두가 죽게 되었다고 울 때, 단 두 사람만이 반대 주장을 펼칩니다.

기도 시간에 기도하는 것만이 기도가 아닙니다. 우리가 하는 말과 행동도 모두 기도라는 사실을 기억하십시오. 왜 그렇습니까? 코람 데오이기 때문입니다. 하나님 앞에서 얘기하는 것이니 하나님이 다 듣고 계시지 않겠습니까?

기도 시간에는 점잖게 기도해도, 밖에 나가면 상스럽게 말하거나 욕을 할 수도 있는 게 사람입니다. 그러나 그 모든 말이 기도입니다. 하나님이 듣고 계시기 때문입니다. 그러므로 신앙이 자랄수록 어디를 가든지 무슨 말을 하든지 변함없이 견고한 삶의 태도를 보이십시오.

기도 시간에 쓰는 언어와 일상생활에서 쓰는 언어가 다르다면 위선입니다. 자칫하면 세상 사람들은 이중적이지만 교인들은 삼중적일 수 있습니다. 세상 사람들은 집에서 하는 얘기와 밖에서 하는 얘기가 다를 뿐이지만 교인들은 집에서 하는 얘기가 다르고, 교회에서 하는 얘기가 다르고, 직장에서 하는 얘기가 다르기 때문에 세상 사람들보다 더 위선적일 수 있다는 말입니다. 그러나 하나님은 모든 말을 다 듣고 계십니다.

이스라엘이 다 죽게 생겼다고 울어 대니 하나님이 "너희들의 말이 내 귀에 들린 대로 해 주마" 하고 노하시는 상황이 벌어집니다. 이제 모세가 중간에 끼어듭니다. 백성이 저질러 놓은 일을 수습하기 위해 중재자로 나선 것입니다.

어릴 때는 자기가 문제를 일으키고 다녔어도, 어른이 되면 자녀가 저질러 놓은 문제를 해결하러 다니는 게 부모 아닙니까? 아이가 남의 집 유리창을 깨면 부모가 가서 대신 물어 줘야 하고, 아이가 놀다가 옷을 더럽혀도 부모가 대신 빨아 줘야 합니다.

이처럼 기도의 자리란 세상이 더럽혀 놓은 것을 내가 빨래하고 청소하는 자리입니다.

## 하나님의 성품에 기대어
## 호소하다

모세가 끼어들어 하나님께 고합니다.

"주의 능력으로 이 백성을 애굽에서 인도해 주신 것을 가나안 사람들도 들었을 것입니다. 주님이 낮에는 구름 기둥으로 밤에는 불 기둥으로 인도해 주시지 않았습니까? 그런데 이제 주님이 이 백성을 멸하신다면 주의 명성을 들은 여러 나라가 말하기를, '여호와가 능력이 없어서 자기 백성에게 주기로 맹세한 땅에 인도하지 못하고 광야에서 죽였다'라고 할 것입니다."

모세가 십계명을 받는 동안에 아론과 이스라엘 백성이 금송아지를 부어 만들었을 때도, 하나님이 진노하여 타락한 백성을 진멸하려 하셨습니다(출 32장). 그때도 모세가 중간에 끼어들어 "어찌하여 애굽 사람들이 이르기를 여호와가 자기의 백성을 산에서 죽이고 지면에서 진멸하려는 악한 의도로 인도해 내었다고 말하게 하시려 하나이까 주의 맹렬한 노를 그치시고 뜻을 돌이키사 주의 백성에게 이 화를 내리지 마옵소서"(출 32:12) 하고 하나님께 간청하여 하나님이 뜻을 돌이키셨습니다.

아버지가 매를 들면 어머니가 중간에 끼어들어서 말리지 않습니까? 중보기도란 이런 것입니다. 사랑하는 사람을 위해 나서서 기도하는 것입니다.

모세는 하나님의 이름을 걸고, 하나님의 명예를 지키기 위해 기도합니다. 하나님의 이름을 붙들고 기도합니다. 그들이 하나님의 이름에 먹칠할까 봐 기도하는 것입니다. 얼마나 담대한 기도입니까?

창세기에서도 아브라함이 소돔과 고모라를 두고 하나님과 씨름하듯 기도한 적이 있지 않습니까? "주께서 의인을 악인과 함께 멸하시겠습니까? 소돔과 고모라에 의인이 오십 명이 있을지라도 주께서 그곳을 멸하시겠습니까?" 하고 묻기 시작해서 결국, 의인 열 명만 있어도 멸하지 않으시겠다는 하나님의 약속을 받아 냈습니다. 아브라함이 하나님의 하나님 되심을 붙들고 기도한 덕분입니다.

자기 소원을 붙들고 기도할 수도 있지만, 궁극적인 기도는 하나님의 이름을 붙들고 드리는 기도입니다. 하나님의 하나님 되심을 위해 기도하는 것입니다. 이것은 하나님이 어떤 분이시며, 지금까지 어떤 일을 해 오셨는지를 알아야만 드릴 수 있는 기도입니다.

"지금 백성에게 진노하시면, 하나님의 이름이 세상에 어떻게 알려지겠습니까?"

이것이 모세와 아브라함이 하나님 앞을 가로막고 서서 드린 기도의 첫 번째 근거입니다. 자기 체면을 걱정하는 기도가 아니라 하나님의 체면을 염려하는 기도인 것입니다. 이것이 하나님의 이름을 붙들고 드리는 기도입니다.

기도의 두 번째 근거는 하나님의 권능에 있습니다. 모세는 하나님의 능력을 붙들고 기도합니다. 하나님의 능력을 의지해서 기도하는 것입니다. 하나님의 권능은 곧 하나님의 성품입니다. 사랑과 인자라는 성품에서 능력이 비롯되었습니다.

따라서 하나님의 능력을 붙들고 기도하는 것은 하나님의 성품을 붙들고 기도하는 것과 같습니다. "하나님은 이런 분이시지 않습니까? 하나님이 스스로 계시하여 나타내신 것처럼, 하나님 되심은 그 성품에서 비롯된 것이 아니십니까? 노하기를 더디 하시고, 인자가 많고, 죄와 허물을 용서해 주시지만, 벌 받을 자는 반드시 벌하시는 분이 아니십니까? 부디 인자하심을 따라 이 백성의 죄악을 용서해 주십시오. 애굽에서부터 지금까지 용서해 주셨던 것처럼 용서해 주십시오" 하고 모세가 항변합니다.

출애굽기 34장에서 하나님이 모세에게 당신의 성품을 드러내시는 장면을 보십시오.

> ⁶ 여호와께서 그의 앞으로 지나시며 선포하시되 여호와라 여호와라 자비롭고 은혜롭고 노하기를 더디 하고 인자와 진실이 많은 하나님이라 ⁷ 인자를 천대까지 베풀며 악과 과실과 죄를 용서하리라 그러나 벌을 면제하지는 아니하고 아버지의 악행을 자손 삼사 대까지 보응하리라 ⁸ 모세가 급히 땅에 엎드려 경배하며 ⁹ 이르되 주여 내가 주께 은총을 입었거든 원하건대 주는 우리와 동행하옵소서 이는 목이 뻣뻣한 백성이니이다 우리의 악과 죄를 사하시고 우리를 주의 기업으로 삼으소서 출 34:6~9

하나님이 스스로 "나는 여호와다. 자비롭고 은혜롭고 노하기를 더디 하고 인자와 진실이 많은 하나님이다"라고 자신을 소개하셨습니다.

특히 7절을 주목하십시오. "인자를 천대까지 베풀며 악과 과실과 죄를 용서"하시는 하나님입니다. 죄를 용서하는 것이 하나님 아버지의 뜻이라는 것입니다.

그러나 벌을 면제하시지는 않습니다. 악행을 자손 삼사 대까지 꼭 갚겠다고 하시기 때문입니다.


벌은
용서의 증거다

　　　　　"용서는 하지만 벌은 면제하지 않는다." 이것은 우리에게 갈등거리가 됩니다. 용서하신다면 없던 일로 깨끗하게 해 주셔야지 벌은 왜 주시는가 하는 의문이 들기 때문입니다.

이 말씀을 묵상하다 보니, 용서와 벌의 관계는 음식과 부작용의 관계와 같다는 생각이 들었습니다. 내 몸에 안 좋은 음식이 있습니다. 먹고 나면 반드시 안 좋습니다. 하지만 내가 라면 한 그릇을 먹었다고 해서 주님이 그 즉시 나를 데려가시지는 않습니다. 유혹에 넘어졌다고 해서 하나님이 "너 또 유혹에 넘어갔느냐? 이리 와 봐라" 하시지는 않는다는 뜻입니다.

몸에 안 좋은 음식을 먹으면, 바로 여러 가지 증상이 나타납니다. 피부가 갈라지며 가려움증이 생기고, 심지어 손가락에 피가 날 정도로 부작용이 심각합니다. 또 MSG를 많이 먹었다 싶으면 금세 앉은 자리에서 꾸벅꾸벅 졸기도 합니다. 음식의 영향이 크다는 것을 새삼 깨닫습니다. 곧장 죽지는 않지만, 부작용이라는 벌이 서너 시간, 삼사 일, 서너 달 동안 계속됩니다.

하나님은 용서하기로 하셨고, 용서해 주시지만 그 벌은 내가 치러야 하는 것입니다. 다시 말해서 살인도 용서받을 수 있지만 감옥은 가야 합니다. 감옥에 가지 않게 해 달라고 기도하는 건 이치에 맞지 않습니다.

하나님은 일흔 번씩 일곱 번이라도 용서하시는 분입니다. 그러나 자신이 저지른 죄의 대가는 지불하게 하십니다. 1억 빚진 것을 주님께 용서받아도, 돈은 갚아야 하지 않습니까? 그것까지 안 갚게 해 달라고 기도하는 것은 뻔뻔하지 않습니까?

이것은 우리가 이해하기 어려운 개념입니다. 그러나 분명히 알아야 합니다. 치러야 할 대가를 치르는 것은 하나님이 용서의 기회를 주셨다는 뜻이기 때문입니다. 한마디로 벌은 용서의 증거입니다. 용서받았기에 벌도 받는 것입니다 만약에 용서하지 않으신다면 대가를 치를 일도 없을 것입니다. 그냥 목숨을 거둬 가실 테니 말입니다.

예수님이 이 땅에 오신 것은 우리를 구원하기 위하여, 우리 죄의 대가를 대신 치르기 위해 오신 것 아닙니까? 예수님의 대속 덕분에 우리가 새 하늘과 새 땅이라는 새로운 가나안에 들어가게 된 것입니다. 예수님의 피로 죄 사함을 받지 못했다면 그곳에 들어갈 수 없을 것입니다. 바로 이것이 우리 신앙의 근거입니다. 하지만 우리 신앙의 근거가 결코 벌의 면제에 있지 않다는 것을 기억해야 기도의 내용이 달라질 것입니다.

여호와께서 이르시되 내가 네 말대로 사하노라 민 14:20

모세의 기도가 응답되었습니다. 용서를 구했고, 용서를 받았습니다. 그런데도 이스라엘 백성의 광야 1세대는 어떻게 되었습니까? 가나안에 들어가지 못했습니다. 광야를 떠돌다가 광야에서 다 죽었습니다. 무엇 때문입니까?

> 26 여호와께서 모세와 아론에게 말씀하여 이르시되 27 나를 원망하는 이 악한 회중에게 내가 어느 때까지 참으랴 이스라엘 자손이 나를 향하여 원망하는 바 그 원망하는 말을 내가 들었노라 28 그들에게 이르기를 여호와의 말씀에 내 삶을 두고 맹세하노라 너희 말이 내 귀에 들린 대로 내가 너희에게 행하리니 29 너희 시체가 이 광야에 엎드러질 것이라 너희 중에서 이십 세 이상으로서 계수된 자 곧 나를 원망한 자 전부가 30 여분네의 아들 갈렙과 눈의 아들 여호수아 외에는 내가 맹세하여 너희에게 살게 하리라 한 땅에 결단코 들어가지 못하리라 민 14:26~30

말 때문에 못 들어갔습니다. 우리의 말 한 마디, 한 마디가 기도라는 것을 기억하십시오. 평소에 "죽겠다" 같은 말을 하지 마십시오. 정말로 죽을 일이 생길지도 모릅니다. 대신에 "주께 있습니다"로 바꾸십시오. "모든 형편이 주께 있습니다. 모든 것이 주께 달려 있습니다" 하고 기도하십시오. 그러면 내 관점이 아니라 하나님의 관점에서 문제를 해결해 주십니다. 내 관점으로는 우리가 메뚜기 같은데, 하나님의 관점에서 보면 저들이 우리 밥이 됩니다.


## 일상의 언어가
## 기도의 언어가 되게 하라

기도가 무엇입니까? 내 관점을 하나님의 관점으로 바꾸는 시간입니다. 내 눈으로 세상을 보면, 골리앗이 득시글거려서 살 수가 없습니다. 그러니 그들을 내 밥처럼 볼 수 있게 해 달라고 하나님께 기도해야 합니다.

말 때문에 가나안에 들어가지 못한 광야 1세대처럼 되지 말고, 여호수아와 갈렙처럼 담대하게 하나님이 주신 믿음을 선포하십시오.

우리의 기도는 저들의 죄를 사할 수 있는 능력의 기도입니다. 그리스도인의 기도 덕분에 나라가 유지되는 것입니다. 이 비밀을 누가 알겠습니까? 하나님은 우리가 세상과 하나님 사이에 모세처럼 끼어들어서 "이 땅을 고쳐 주십시오!" 하고 부르짖기를 원하십니다. 우리가 부르짖어 기도할 때, 하나님이 용서하시므로 지금까지 이 나라가 버텨 오고 있습니다.

우리가 믿음의 선진들에게 기도의 빚을 얼마나 졌는지 모릅니다. 헤아릴 수 없습니다. 그들이 금식하며 철야 기도하고, 나무뿌리를 뽑아 가며 기도해 준 덕분에 지금의 우리가 있습니다.

하나님이 계속해서 우리를 인도하시리라고 믿습니다. 우리가 기도의 자리에서 저들의 죄를 용서해 달라고 기도할 때, 하나님이 그 죄를 용서해 주실 것을 믿습니다. 그러나 그들이 치러야 할 벌에 대해서는 두려운 마음으로 지켜봐야 합니다. 민수기 14장을 보십시오.

> 21 그러나 진실로 내가 살아 있는 것과 여호와의 영광이 온 세계에 충만할 것을 두고 맹세하노니 22 내 영광과 애굽과 광야에서 행한 내 이적을 보고서도 이같이 열 번이나 나를 시험하고 내 목소리를 청종하지 아니한 그 사람들은 23 내가 그들의 조상들에게 맹세한 땅을 결단코 보지 못할 것이요 또 나를 멸시하는 사람은 한 사람도 그것을 보지 못하리라 24 그러나 내 종 갈렙은 그 마음이 그들과 달라서 나를 온전히 따랐은즉 그가 갔던 땅으로 내가 그를 인도하여 들이리니 그의 자손이 그 땅을 차지하리라 25 아말렉인과 가나안인이 골짜기에 거주하나니 너희는 내일 돌이켜 홍해 길을 따라 광야로 들어갈지니라 민 14:21~25

우리는 용서 받는 기쁨만을 원하지만 치러야 대가가 분명히 있습니다. 기도의 자리에서 주님의 이름과 성품을 기억하고, 하나님의 나라와 그의 뜻을 구하며 기도할 때, 하나님이 기도를 들어주십니다.

그러나 용서 후에 치러야 할 대가에 대해서도 묵상하기를 바랍니다. 기어이 주께 돌이키지 않는 사람들과 끝내 자기 뜻대로 가는 사람들에게 미칠 어려움을 두려운 마음으로 바라보십시오.

모든 일상의 언어가 기도의 언어가 되게 하시고, 기도의 언어가 일상의 언어가 되게 해 주시기를 기도하십시오.

# 12
## chapter

기도의 감격

기도의 감격을

맛보았는가

>>>>

 

자녀를 키워 보면, 부모 자식 간에도 생각이나 바람이 엇갈리는 것을 느낍니다. 부모가 해 주고 싶은 것과 자녀가 하고 싶은 것이 다르기 때문입니다.

이렇게 서로 뜻이 부딪힐 때, 대개 어떻게 합니까? 서로 자기 뜻을 강요하다가 갈등 끝에 관계가 파탄 나기도 합니다. 그와 달리 서로 인내하기도 합니다. 피차 인내함으로써 거리를 좁혀 나가거나 한쪽이 일방적으로 뜻을 접기도 합니다. 사람 간에는 여러 가지 반응이 나올 수 있습니다.

그런데 하나님과 인간의 관계는 어떻습니까? 하나님의 생각과 기대가 우리의 생각과 기대와 다릅니다. 서로 일치하는 일이 거의 없습니다. 이 경우에는 어떻게 해야 합니까?

우선, 하나님의 생각과 우리 생각이 다를 수밖에 없음을 인정해야 합니다. 우리는 육신이요 하나님은 영이시기 때문입니다. 육의 생각과 영의 생각은 서로 거스를 뿐만 아니라 때로는 첨예하게 부덮칠 정도로 다릅니다.

선지자들은 이스라엘 백성에게 사람의 생각을 내려놓아야 한다고 줄곧 말해 왔습니다. 자기 뜻을 꺾고, 자기 고집을 내려놓는 것이 지혜라고 말했습니다.

지혜로운 사람은 하나님께 즉시 순종합니다. 순종은 곧 '항복'입니다. 하나님께 빨리 항복하는 사람이 지혜로운 사람입니다. 하나님의 뜻은 변치 않으시기 때문입니다.

구약의 선지서가 하나님의 생각이 우리 생각과 어떻게 다른지 알려 줍니다.

> 8 이는 내 생각이 너희의 생각과 다르며 내 길은 너희의 길과 다름이니라 여호와의 말씀이니라 9 이는 하늘이 땅보다 높음 같이 내 길은 너희의 길보다 높으며 내 생각은 너희의 생각보다 높음이니라 사 55:8~9

## 은혜에
## 말문이 막히다

기도의 자리에서 우리는 자기 생각이 하나님의 생각과 다르며 그의 생각에는 이를 수도 없다는 사실을 인정하게 됩니다. 우리는 제힘으로는 하나님의 길을 나설 수 없는 사람들입니다. 하나님의 높으신 길과 하나님의 높으신 생각은 언제나 옳습니다. 그 옳음을 인정하는 것이 순종입니다.

변함없으신 하나님의 뜻에 자신을 맞춰 가는 것이 신앙의 여정이자 기도의 목적입니다.

> 그런데 너희는 이르기를 주의 길이 공평하지 아니하다 하는도다 이스라엘 족속아 들을지어다 내 길이 어찌 공평하지 아니하냐 너희 길이 공평하지 아니한 것이 아니냐 겔 18:25

자기 길이 옳다고 믿는 어리석은 사람도 있지만 우리 길은 옳지 않습니다. 하나님의 길은 공평한 길이지만 우리 길은 늘 구부러진 길입니다. 그래서 정의를 부르짖는 사람, 공평을 판단하는 사람을 조심해야 합니다.

인간의 정의가 얼마나 삐뚤어지고 추악한지 모릅니다. 사람들 사이에 분란이 끊이지 않는 이유가 인간의 정의 탓 아니겠습니까? 여전히 죄인에 불과한 인간이 부르짖는 정의이기 때문입니다.

신앙이란 자신이 죄인의 자리에 있음을 알고, 날마다 죄인의 길에서 돌이켜 기도로 하나님께 나아가는 것입니다. 올바른 신앙인은 하나님의 길을 자신의 길에 맞추어 달라고 떼쓰거나, 아버지의 뜻을 꺾고 자기 뜻을 관철하기 위해서 기도의 자리에 앉지 않습니다.

땅의 길은 하늘의 길에 미칠 수 없고, 땅의 생각은 하늘의 생각에 이를 수가 없습니다. 우리가 말하는 공평은 하나님의 공평과는 언제나 엇갈립니다. 그래서 하나님을 묵상하면 묵상할수록 우리 죄가 드러나고, 하나님의 선하심을 더욱 갈망하게 됩니다. 자기 죄가 드러날수록 도대체 어떻게 해서 자신이 그 자리에 앉아 있는지 주의 은혜에 감사할 수밖에 없게 됩니다.

바로 다윗이 그랬습니다. '내가 어떻게 이스라엘의 왕이 될 수 있었나? 수많은 죽음의 고비를 넘기고 어떻게 여기까지 올 수가 있었나?' 아무리 생각해도 설명할 길이 없습니다. 그가 기도의 자리에서 묻습니다.

> 다윗 왕이 여호와 앞에 들어가 앉아서 이르되 주 여호와여 나는 누구이오며 내 집은 무엇이기에 나를 여기까지 이르게 하셨나이까 삼하 7:18

여기서 "여호와 앞"이란 다윗이 오벧에돔의 집에서 법궤를 옮겨와 안치한 장막의 바깥뜰을 가리킵니다. 다윗이 그곳에 앉았습니다. 기도의 자리에 오래 머물렀다는 뜻입니다. 그가 하나님께 묻습니다.

"하나님! 나는 누구입니까?"

인간의 독특한 질문입니다. 동물은 할 수 없는 질문입니다. 동물은 나서 죽을 때까지 이런 질문은 하지 않습니다. 인간 스스로 답을 찾을 수 없는 질문입니다. 철학자도 답할 수 없습니다.

"나는 누구입니까? 나는 어디로 와서 어디로 갑니까?"

오로지 나를 지으시고, 나를 나보다 더 잘 아시는 분, 나를 향한 계획과 목적이 있으신 분께만 물을 수 있는 질문입니다.

다윗은 누구에게 물어야 할지 알았기에 하나님께 질문했습니다. 그는 "어떻게 내가 여기까지 오게 되었습니까? 하나님, 어떻게 나 같은 자를 살려 두셨습니까?" 하고 묻습니다.

다윗이 어떤 사람입니까? 죽음의 고비를 수없이 넘겨 오긴 했지만, 그가 이스라엘의 왕이 될 이유가 하나에서 열까지 뭐가 있습니까? 그러나 그는 하나님을 알고 경험해 왔습니다.

다윗이 이런 질문을 드린 이유가 무엇입니까? 하나님께 집을 지어 드리겠다고 결심했기 때문입니다. 그의 마음을 아신 하나님이 선지자 나단을 보내 그에게 하나님의 말씀을 전하게 하셨습니다(삼하 7장).

"내가 언제 장막과 성막 안에 있다고 불평한 적이 있었느냐? 내가 언제 백향목 집을 지어 달라고 하였느냐? 네가 내 집을 지을 게 아니라 여호와가 너를 위해 집을 짓고, 나라를 견고하게 해 줄 것이다."

그뿐만이 아닙니다.

"네 집과 네 나라가 내 앞에서 영원히 보전되고, 네 왕위가 영원히 견고할 것이다."

선지자 나단에게서 주의 말씀을 전해 들은 다윗이 얼마나 기가 막혔겠습니까? 그야말로 감격해서 숨이 막힐 지경이었을 것입니다. 하나님이 그렇게 축복해 주시는데, 누군들 가쁜 숨을 몰아쉬지 않을 수 있겠습니까?

하나님은 하나님의 집을 짓겠다는 그의 생각을 귀하게 여기셨습니다. 그 일이 대단해서가 아닙니다. 하나님을 위해서 살겠다는 믿음의 결단을 소중하게 받으신 것입니다.

그러나 사실 우리가 무슨 수로 하나님을 위해서 살 수 있겠습니까? 제 앞가림이나 잘해 주기를 하나님도 바라실 것입니다. 아마도 '너 하나 정신 차리고 바로 서면, 나는 그걸로 족하단다' 하는 마음이 하나님의 진심이실 것입니다.

하지만 하나님은 마음의 중심에 하나님을 모시는 것을 보고 가장 크게 기뻐하십니다. 성전을 짓는 것보다 더 크게 기뻐하십니다.

사람의 본분을 다하는 것보다 더 큰 하나님의 일이 어디 있겠습니까? 이웃과 좋은 관계를 맺는 것보다 더 큰 하나님의 일이 어디 있습니까? 우리에게 맡겨 주신 가족을 잘 돌보고 보살피는 것보다 더 큰 하나님의 일이 어디 있습니까? 그런데 우리는 다른 엉뚱한 일로 하나님을 기쁘시게 하려고 합니다.

다윗은 성전을 짓는 일로 하나님을 기쁘시게 할 수 없다는 것을 알았던 모양입니다. "네 손으로 성전을 짓지 말라"는 하나님의 말씀을 듣고, 화를 낼 만도 한데 그는 그러지 않았습니다. "내가 교회를 짓겠다는데 왜 이러십니까? 이제 돈 좀 생겨서 헌금하겠다는데, 왜 안 받으시겠다는 겁니까?" 이렇게 억울한 마음을 호소할 법도 한데, 다윗은 그러지 않았습니다.

주 여호와여 주께서 이것을 오히려 적게 여기시고 또 종의 집에

있을 먼 장래의 일까지도 말씀하셨나이다 주 여호와여 이것이
사람의 법이니이다 <sub>삼하 7:19</sub>

다윗은 그의 왕위를 견고하게 하시리라는 말씀에 감격하여 할
말을 잊었습니다. "하나님이 나를 다 아시는데, 내가 무슨 말을 하
겠습니까?"

"이것이 사람의 법이니이다"라는 말씀은 언뜻 이해되지 않습니
다만, 이 말은 사람이 다른 사람을 대할 때, 예를 갖춰 대하듯이 하
나님이 자신을 선대해 주시니 은혜에 감격해서 한 표현입니다.

하나님이 다윗에게 주신 약속과 비슷한 말씀을 예수님이 우리
에게 주셨습니다.

> 2 내 아버지 집에 거할 곳이 많도다 그렇지 않으면 너희에게 일
> 렀으리라 내가 너희를 위하여 거처를 예비하러 가노니 3 가서
> 너희를 위하여 거처를 예비하면 내가 다시 와서 너희를 내게로
> 영접하여 나 있는 곳에 너희도 있게 하리라 <sub>요 14:2~3</sub>

우리는 예수님께 약속을 받았습니다. 예수님을 믿기만 하면, 우
리 여권에 천국 비자를 찍어 주시겠다는 것입니다. 우리도 "대체
나는 누구입니까? 어떻게 나 같은 사람의 거처를 예비해 주십니
까?" 하고 감격할 수밖에 없습니다.

## 역사를 관통하여 흐르는
## 하나님의 은혜

하나님은 나를 아시되, 그냥 아는 것이 아니라 속속들이 아십니다.

> [20] 주 여호와는 주의 종을 아시오니 다윗이 다시 주께 무슨 말씀을 하오리이까 [21] 주의 말씀으로 말미암아 주의 뜻대로 이 모든 큰일을 행하사 주의 종에게 알게 하셨나이다 [22] 그런즉 주 여호와여 이러므로 주는 위대하시니 이는 우리 귀로 들은 대로는 주와 같은 이가 없고 주 외에는 신이 없음이니이다 삼하 7:20~22

누군가와 관계가 어려운 것은 서로 잘 몰라서 그렇습니다. 잘 알면, 사실 말이 필요 없습니다. 서로 눈길만 주고받아도 압니다. 무슨 생각을 하고 있는지, 무엇을 기대하는지 압니다. 부부가 그렇고, 심복이 그렇고, 친한 친구가 그렇습니다.

다윗이 하나님께 말합니다.

"하나님! 하나님은 나를 아십니다."

기도의 자리는 하나님과의 깊은 친밀감을 맛보는 자리입니다. 속삭이며 프러포즈하듯이 하나님께 사랑을 고백하는 자리입니다. 하나님이 속속들이 알고 계심을 알기에 주님 앞에 모든 것을 아뢸 수 있습니다. 주님이 모든 사정과 형편을 알고 계심을 아는 것이 믿음의 근거요 기도의 출발점이 됩니다.

세상 사람과 그리스도인이 다른 점이 무엇입니까? 그리스도인은 자기 관점이 아닌 하나님의 관점에서 세상을 바라봅니다. 하나님이 어떻게 풀어 가실지를 바라보기에 낙심하지 않습니다.

그러나 사실, 우리는 낙심할 때가 한두 번이 아닙니다. 오죽하면 "우리가 선을 행하되 낙심하지 말지니 포기하지 아니하면 때가 이르매 거두리라"(갈 6:9)라는 말씀을 주셨겠습니까?

사람에게 무슨 신실함이 있습니까? 사람은 조변석개(朝變夕改)합니다. 아침 마음 다르고, 저녁 마음이 다릅니다. 오늘 마음 다르고, 내일 마음이 다릅니다. 언론 보도를 보십시오. 오늘 다르고, 어제 다르고, 내일 다를 것입니다. 그렇다고 왜 달라지는지 설명이나 해 줍니까?

이런 세상을 살아가면서도 변함없으신 분을 바라보기에, 그분의 신실하심을 믿고 의지하기에 오늘도 우리는 기도의 자리에 앉습니다. 당장 눈에는 희망이 보이지 않지만 하나님의 신실하심 때문에 기도의 자리에 앉습니다.

신실하신 하나님이 다윗에게 영원한 나라를 약속하셨습니다. 그러니 다윗이 얼마나 감동했겠습니까? 그 자리에 앉기까지 다윗이 얼마나 기도했겠습니까? 그는 수많은 고통의 시간을 보내야 했습니다. 다윗은 죽음이 눈앞에 어른거리는 고통의 순간에도 주의 앞을 떠나지 않고 기도했던 사람입니다. 그때의 고백들이 시편에 고스란히 담겼습니다. 그가 일생 믿음을 놓지 않았지만 영원한 나라를 약속받으리라고는 상상도 해 본 적이 없을 것입니다. 하나님이 그런 위대한 약속을 주실 줄 어떻게 알았겠습니까?

그러므로 우리도 기도의 자리가 아무리 고통스러워도 믿음을 놓을 이유가 없습니다. 최소한 다윗보다는 덜 고통스러운 상황에 있지 않습니까?

지금 고난을 겪고 있더라도 기도의 자리를 지키고 앉아 있어야 하는 이유는, 하나님의 약속에 감사 기도를 드릴 날이 반드시 오기 때문입니다. 고난을 이겨 내고, 기도의 자리에 잠잠히 머물러 있으면 일을 행하시는 하나님을 경험하게 될 것입니다. 그때 이렇게 고백할 것입니다. "하나님, 대체 나는 누구입니까? 어찌해서 나를 여기까지 인도하셨습니까?" 정말로 주와 같은 이가 세상에 없습니다. 주 외에 다른 신이 없습니다.

> 23 땅의 어느 한 나라가 주의 백성 이스라엘과 같으리이까 하나님이 가서 구속하사 자기 백성으로 삼아 주의 명성을 내시며 그들을 위하여 큰일을, 주의 땅을 위하여 두려운 일을 애굽과 많은 나라들과 그의 신들에게서 구속하신 백성 앞에서 행하셨사오며 24 주께서 주의 백성 이스라엘을 세우사 영원히 주의 백성으로 삼으셨사오니 여호와여 주께서 그들의 하나님이 되셨나이다
>
> 삼하 7:23~24

기도의 자리에서 역사를 주관하시는 하나님을 만나십시오. 나를 구원하신 하나님의 손길을 통해서 민족을 이끌어 가시는 하나

님의 섭리를 보게 될 것입니다.

기도의 자리는 역사를 통째로 들여다보는 자리입니다. 그리스도인은 창세부터 새 하늘과 새 땅이 임하는 그날까지 전 역사를 들여다보는 우주적인 역사관을 가졌습니다. 그러므로 이 나라 이 민족을 바라보는 시각이 남다를 수밖에 없습니다. 믿음의 관점에서 보면, '하나님이 어떻게 이 나라를 통일하실까? 마지막 때에 이 민족을 어떻게 쓰실까?' 하는 기대와 소망을 갖게 됩니다. 기도의 자리에서 보면, 하나님의 은혜 가운데 흘러가는 역사를 볼 수 있습니다.

우리가 고난 없이 정결해지겠습니까? 이 백성이 타락에서 벗어날 수 있겠습니까? 어떻게 해야 악에서 돌이키겠습니까? 설사 우리에게 고난이 닥쳐온다고 해도, '그럼에도 불구하고' 기쁨을 노래했던 하박국 선지자처럼 우리도 고난을 넘어서 하나님의 궁극적인 목적을 바라봐야 할 것입니다.

기도의 자리에서 역사를 관통하여 흐르는 하나님의 은혜를 바라보시기 바랍니다.


## 말씀은
## 하나님의 약속이다

다윗은 자신뿐 아니라 이스라엘 백성을 부르신 하나님을 찬양합니다. 그는 역사를 주관하시는 하나님을 경외감으로 바라보며 기도합니다.

어느 회사의 신년 예배에 참석한 적이 있습니다. 예배를 드리고 나서 신우회 회원들과 차 한 잔을 나누는 자리에서 장로님 한 분이 문득 올 한 해가 너무나 기대된다고 말했습니다. 뜻밖이었습니다. 다들 하나같이 앞이 안 보인다고 탄식하고 있는 때가 아닙니까? 그분은 이렇게 덧붙여 말했습니다.

"우리나라가 어려울 때면 꼭 하나님이 뜻밖의 방법으로 문제를 풀어서 인도해 주시곤 하지 않았습니까? 하나님이 우리 민족을 얼마나 사랑하십니까? 올해도 하나님이 어떻게 문제를 풀어 나가실지 기대가 큽니다."

이것이야말로 믿음의 관점이 아니겠습니까? 남들이 다 어렵다고 할 때, 오히려 더 큰 소망을 품는 것이 믿음입니다. 다들 죽겠다고 할 때, 모든 것이 주님께 있음을 고백하는 것이 믿음입니다. 이것이 바로 하박국 선지자의 믿음 아닙니까? 나라의 운명이 바람 앞의 등불 같은데도, 그는 구원의 하나님에 대한 신뢰와 회복의 기쁨을 노래했습니다.

이제 다윗은 하나님의 약속을 붙듭니다.

> 25 여호와 하나님이여 이제 주의 종과 종의 집에 대하여 말씀하신 것을 영원히 세우셨사오며 말씀하신 대로 행하사 26 사람이 영원히 주의 이름을 크게 높여 이르기를 만군의 여호와는 이스라엘의 하나님이라 하게 하옵시며 주의 종 다윗의 집이 주 앞에

## 견고하게 하옵소서 삼하 7:25~26

이 말씀과 우리는 상관이 없습니까? 상관있습니다. 다윗의 족보를 따라 예수 그리스도께서 오셨습니다. 이 언약은 예수 그리스도를 보내시어 영원한 구원의 역사를 이루어 가시겠다는 약속입니다. 우리도 이 언약을 믿음으로 받아들인 믿음의 후손입니다.

말씀을 읽을 때마다 언약을 발견하게 되기를 바랍니다. 하나님의 언약을 붙들고 기도하십시오. 무지개 언약을 기억하기에 비가 아무리 많이 와도 홍수 심판 걱정은 안 하지 않습니까? 홍수가 올지언정 종말은 오지 않으리라는 것을 알지 않습니까?

"부르짖어라, 그러면 고쳐 주리라. 회개하고 겸비하면 내가 이 땅을 고치리라" 하는 약속의 말씀이 있기에 우리는 기도의 자리에서 부르짖습니다. 그런 약속이 없다면, 기도의 자리는 그냥 넋두리의 자리요 한풀이의 자리가 될 것입니다. 그러나 약속의 말씀이 있기에 기도의 자리에 꿋꿋하게 버틸 수 있습니다.

모세가 하나님의 이름을 붙들고 기도했다면, 다윗은 하나님의 언약을 붙들고 기도합니다.

<blockquote>

27 만군의 여호와 이스라엘의 하나님이여 주의 종의 귀를 여시고 이르시기를 내가 너를 위하여 집을 세우리라 하셨으므로 주의 종이 이 기도로 주께 간구할 마음이 생겼나이다 28 주 여호와여 오직 주는 하나님이시며 주의 말씀들이 참되시니이다 주께

</blockquote>

서 이 좋은 것을 주의 종에게 말씀하셨사오니 <sup>29</sup> 이제 청하건대 종의 집에 복을 주사 주 앞에 영원히 있게 하옵소서 주 여호와께서 말씀하셨사오니 주의 종의 집이 영원히 복을 받게 하옵소서 하니라 삼하 7:27~29

기도하고 싶어도 기도하기가 어려운 이유가 무엇입니까? 들은 게 없기 때문입니다. 약속을 받은 것이 없기 때문입니다. 그러니 떼를 쓸 근거가 없습니다.

"너는 내게 부르짖으라 내가 네게 응답하겠고 네가 알지 못하는 크고 은밀한 일을 네게 보이리라"(렘 33:3)라는 말씀을 알면 마음껏 부르짖어 기도할 수 있습니다. "이렇게 부르짖어 기도하오니 생각지도 못한 놀라운 일을 보여 주십시오" 하고 떼를 쓸 수도 있습니다.

자녀와의 약속도 그렇습니다. 뭘 사 주겠다고 약속하는 순간, 우리는 자녀에게 빚진 자가 됩니다. 실제로 자녀에게 돈을 빌린 것도 아니고, 채무 증서를 써 준 것도 아니지만, 말 한마디 때문에 빚을 지게 됩니다.

실제로 유럽에서는 상거래에서 구두 계약을 실제 계약과 똑같은 효력을 가진 것으로 인정하기도 합니다. iMBC CEO로 재직할 때, 유럽 프로 축구 경기의 인터넷 방송 중계권을 협상한 적이 있습니다. 정식 계약을 하기 전에 제동이 걸렸습니다. 실익에 비해 상대편에서 요구하는 금액이 너무 컸기 때문입니다. 계약이 무산되게 생겼습니다. 하지만 말로만 약속했던 터라 큰 부담 없이 이 사실을 상대편에게 알렸습니다.

그런데 상대 회사가 일방적인 계약 파기라면서 네덜란드 법정에 소송을 제기했습니다. 나중에 잘 타협하기는 했지만 한동안 애를 먹었던 사건입니다. 구두 계약의 법적 효력을 인정하는 유럽의 사법 관행을 몰랐던 탓입니다.

이 관행이 어디서부터 비롯되었는지 압니까? 바로 성경입니다.


## 감격하게 하시는
## 하나님

다윗은 기도하기를, 복을 주시되 주 앞에 영원히 있게 해 달라고 합니다. 제일 중요한 것을 요구한 것입니다.

"나를 멀리하지 말아 주십시오. 늘 가까이 있을 수 있게 허락해 주십시오."

그는 복 중의 복을 소망합니다. 하나님 앞에 있는 것이 바로 복인 것을 안 것입니다. 세상 끝 날까지 함께하시겠다는 약속보다 더 큰 복이 어디 있겠습니까? 다윗은 "말씀하신 대로 영원에서 영원까지 함께해 주십시오. 그거면 족합니다" 하고 기도하지만 실은 복 중의 복인 복의 근본을 붙든 것입니다.

주님이 믿음의 자녀에게 천대까지 복을 주겠다고 하시지 않았습니까? 언약의 기도를 드려야 합니다. "이 자녀를 버리지 말아 주십시오. 지켜 주십시오. 약속의 자녀입니다. 비록 내 잘못이 크지만 하나님의 자녀가 아닙니까? 약속의 자녀가 아닙니까? 하나님이 끝까지 지켜 주십시오" 하고 약속을 근거로 기도해 보십시오.

하나님은 변변찮은 사이비 선지자 발람의 입을 통해서도 당신이 어떤 분이신지를 알게 하셨습니다.

> 하나님은 사람이 아니시니 거짓말을 하지 않으시고 인생이 아니시니 후회가 없으시도다 어찌 그 말씀하신 바를 행하지 않으시며 하신 말씀을 실행하지 않으시랴 민 23:19

하나님은 인생이 아니시니 후회가 없으십니다. 하나님의 말씀은 헛되이 사라지는 법이 없습니다.

> 내 입에서 나가는 말도 이와 같이 헛되이 내게로 되돌아오지 아니하고 나의 기뻐하는 뜻을 이루며 내가 보낸 일에 형통함이니라 사 55:11

하나님은 의심하는 자에게 믿음을 더하십니다.

> 여호와의 말씀이니라 너희를 향한 나의 생각을 내가 아나니 평안이요 재앙이 아니니라 너희에게 미래와 희망을 주는 것이니라 렘 29:11

믿음의 사람은 일이 막힐 때, 사방으로 욱여쌈을 당할 때, 지혜가 부족할 때, 언제라도 말씀 앞에 잠잠히 머뭅니다. 기도의 자리에서 비로소 길이 열리고, 아이디어가 솟는 것을 경험합니다. 하나님의 약속의 말씀을 되새기며 어두운 현실에서 미래의 희망을 발견하게 됩니다. 그래서 어떤 상황에서도 평안함을 잃지 않습니다.

우리 모두에게 그런 믿음과 평안이 있기를 바랍니다. 다윗이 기도의 자리에 오랫동안 머물러 있으면서 했던 믿음의 고백이 오늘날 우리 모두의 고백이 되기를 바랍니다.

<sup></sup>¹ 여호와 우리 주여 주의 이름이 온 땅에 어찌 그리 아름다운지요 주의 영광이 하늘을 덮었나이다 ² 주의 대적으로 말미암아 어린아이들과 젖먹이들의 입으로 권능을 세우심이여 이는 원수들과 보복자들을 잠잠하게 하려 하심이니이다 ³ 주의 손가락으로 만드신 주의 하늘과 주께서 베풀어 두신 달과 별들을 내가 보오니 ⁴ 사람이 무엇이기에 주께서 그를 생각하시며 인자가 무엇이기에 주께서 그를 돌보시나이까 ⁵ 그를 하나님보다 조금 못하게 하시고 영화와 존귀로 관을 씌우셨나이다 ⁶ 주의 손으로 만드신 것을 다스리게 하시고 만물을 그의 발 아래 두셨으니 ⁷ 곧 모든 소와 양과 들짐승이며 ⁸ 공중의 새와 바다의 물고기와 바닷길에 다니는 것이니이다 ⁹ 여호와 우리 주여 주의 이름이 온 땅에 어찌 그리 아름다운지요 시 8:1~9

다윗은 하나님을 향한 감격으로 노래했습니다. 우리를 감격하게 하시는 하나님을 믿으십시오. 주님이 아침마다 깨워 주시고, 호흡을 주시는 것은 우리에게 새날을 주시고, 새 영으로 충만케 하시겠다는 응답입니다. 이보다 귀한 응답이 있겠습니까? 주님의 응답에 감사하기 바랍니다.

〈위대하신 주〉를 찬양하며 하나님을 묵상하길 바랍니다.

> 빛나는 왕의 왕 영광의 주님
> 온 땅 기뻐하라 온 땅 기뻐하라
> 광채의 옷 입고 어두움 물리쳐
> 저 원수는 떠네 저 원수는 떠네
>
> 영원한 주의 주 시간의 주관자
> 알파와 오메가 알파와 오메가
> 삼위의 하나님 아바 성령 예수
> 사자와 어린양 사자와 어린양
>
> 위대하신 주 찬양해 위대하신 주
> 모두 알게 되리라 위대하신 주
>
> 모든 이름 위에 뛰어나신 이름
> 다 찬양해 위대하신 주

믿음의 사람은 일이 막힐 때,

사방으로 욱여쌈을 당할 때,

지혜가 부족할 때,


언제라도 말씀 앞에 잠잠히 머뭅니다.

# 13
## chapter

## 기도의 지경

# 기도의 지경은

# 어디까지인가

다니엘은 기도하는 사람입니다. 바벨론에 포로로 끌려갔다가 그곳에서 총리가 되었습니다. 요셉이 애굽에 팔려갔다가 총리가 된 것과 비교할 만한 사건입니다. 다니엘은 하나님과 함께하는 사람, 하나님을 전심으로 의뢰하는 사람의 생애가 어떠한가를 보여 줍니다. 그는 소년 시절부터 결심하고 때를 정하여 기도했습니다. 왕의 식탁에 차려진 진수성찬을 먹지 않기로 했습니다. 누가 보건 보지 않건 정한 시간에 기도하는 바람에 사자 굴에 던져지기도 했습니다. 그래도 기도를 멈추지 않았습니다.

그는 기도의 자리에서 무엇을 구했을까요? 자신이 포로로 붙잡혀 간 땅에서 총리가 되게 해 달라고 기도했을까요? 아닙니다. 그가 뜻을 정하고 기도할 때, 하나님을 믿지 않는 왕이 봐도 그 얼굴 빛이 왕의 진미를 먹는 사람보다 더 좋아 보였기에 발탁이 되었고, 지혜와 총명을 인정을 받아 총리에까지 오를 수 있었습니다.

총리가 된 다니엘이 다시 기도의 자리에 앉습니다. 포로 생활이 끝나가던 무렵이었습니다. 이스라엘 백성이 하나님 앞에 진실하게 회개하는 일이 무엇보다도 시급한 일임을 알았기 때문입니다.

## 금식하며 회개 기도를
## 드리는 이유

다니엘은 바벨론 땅에서도 결단하여 믿음을 지킨 덕분에 하나님과 동행하며 보통 사람들이 가지 않은 길을 가게 되었습니다.

> 내가 금식하며 베옷을 입고 재를 덮어쓰고 주 하나님께 기도하며 간구하기를 결심하고 단 9:3

기도는 우리 본성과 어긋납니다. 그래서 결심하고 결단해야 기도할 수 있습니다. 기도의 자리는 의지의 자리입니다. 다니엘이 금식으로 기도를 시작합니다.

금식한다는 것은 목숨을 내놓는다는 뜻입니다. "사흘 굶으면 포도청의 담도 뛰어넘는다"고 하지 않습니까? 자기 본성을 거스르는 일을 하는 것입니다.

우리도 금식하며 기도할 때가 있습니다. 절박한 기도 제목을 놓고 기도합니다. 가족 문제, 사업 문제, 학업 문제를 놓고 금식하며 간절히 기도합니다. 그러나 나라와 민족의 죄악을 놓고 회개하며 기도하기는 쉽지 않습니다.

아하수에로 왕의 왕비가 된 에스더가 민족의 위기 앞에 금식을 선언했습니다. 온 이스라엘 백성이 함께 사흘간 금식하며 기도합니다. 물조차 마시지 않는 절대 금식을 합니다. 기도의 결과는 무엇입니까? 이스라엘 백성의 인종 청소를 획책했던 하만이 오히려 교수대에 매달렸습니다.

지금이 바로 그런 기도를 드릴 때입니다. 믿음의 사람들이 나라와 민족을 위해 금식하며 기도해야 할 때입니다. 하나님의 진노를 누그러뜨리기 위해 기도의 사람들이 대신 하나님 앞에 무릎을 꿇고 엎드려야 합니다.

다니엘이 백성들을 대신하여 먼저 금식합니다. 베옷을 입고 재를 뒤집어씁니다. 이스라엘 백성이 회개할 때 하는 행동입니다. 심할 때는 옷을 찢기도 합니다. 하나님은 다니엘의 결심을 귀히 보시고, 그의 기도를 들어주셨습니다.

성도 가운데 한 분이 세례받은 다음 날부터 하나님께 나아가기로 마음먹고 새벽 기도를 3년만 해 보자고 결심했는데, 결국 그 결심을 지켰습니다. 놀랍지 않습니까? 그의 결심을 하나님이 받아 주지 않으셨다면 어떻게 기도할 수 있었겠습니까? 기도는 우리 힘으로 되는 것이 아닙니다. 생각처럼 쉽지 않습니다.

다니엘이 금식하며 회개 기도를 드리기로 결심합니다.


내 하나님 여호와께 기도하며 자복하여 이르기를 크시고 두려

위할 주 하나님, 주를 사랑하고 주의 계명을 지키는 자를 위하여
언약을 지키시고 그에게 인자를 베푸시는 이시여 단 9:4

다니엘에게 하나님은 "크시고 두려워 할 주 하나님"이십니다. 기도하는 사람은 하나님을 향한 경외감에 속속들이 젖어야 합니다. 하나님은 세상보다 크신 분입니다.

세상에 눈에 보이지 않는 것이 두 가지가 있습니다. 너무 커서 우리 시야를 넘어선 존재와 너무 작아서 우리 시야에 들어오지 않는 존재입니다. 각각을 보려면 망원경과 현미경이 필요합니다. 인간은 꾸준히 더 크고 정밀한 기계를 만들어 왔습니다. 그러나 그것 가지고도 볼 수 없는 것들이 있습니다. 그러면 어떻게 볼 수 있습니까? 믿음을 통해서만 볼 수 있습니다.

모세와 다윗은 하나님이 누구신지 그분의 이름을 아는 사람들이었습니다. 그들은 하나님의 뜻을 알고, 성품을 알았기에 주의 성품에 호소하여 기도했습니다. 하나님이 누구이신지를 아는 것이야말로 기도의 출발점입니다.

크고 두려우신 하나님 앞에 나아가지 않으면 기도의 능력을 알 수 없습니다. 자신과 비슷한 존재 앞에서 기도해 봐야 무슨 능력을 경험하겠습니까? 무슨 경외감이 들겠습니까?

세상 사람들은 하나님이 온 우주보다도 크시다는 사실을 모르기에 주님을 경외하지도 않고, 주님께 기도하지도 않습니다. 그들은 기도할 이유가 없는 것입니다. 큰 세상, 큰 우주를 보면서도 그

보다 크신 하나님은 보질 못합니다.


## 하나님의 성품을
## 아는 사람이 기도한다

온 우주보다 크고 위대하신 하나님은 믿음으로밖에는 볼 수도 만날 수도 없습니다. 위대하신 하나님은 두려우신 하나님입니다. 그분 앞에서 두려움을 느껴야 마땅합니다.

기도의 자리가 두렵고 떨리던 때가 언제입니까? 사랑의 하나님을 너무 강조한 나머지 하나님께 대한 경외심을 잃어버리지는 않았습니까? 기도의 자리가 능력을 잃어버린 것이 혹시 크고 두려우신 하나님을 잊은 탓은 아닙니까? 하나님을 자기 수준으로, 인간 수준으로 만들어 놓음으로써 기도의 능력이 사라진 것은 아닙니까?

경외감이 없으니 하나님을 자기 수준의 존재로 끌어내립니다. 자기 수준의 것을 구하고, 자기 수준에 맞춰 응답해 주시기를 원합니다. 경외감이 없으니 회개가 없습니다. 그래서 죄에 더욱 둔감해진 것은 아닌지 돌아보십시오.

다니엘은 크고 두려우신 하나님 앞에서 기도를 시작합니다. 그는 가장 먼저 회개 기도를 드립니다.

⁵ 우리는 이미 범죄하여 패역하며 행악하며 반역하여 주의 법도

와 규례를 떠났사오며 ⁶ 우리가 또 주의 종 선지자들이 주의 이름으로 우리의 왕들과 우리의 고관과 조상들과 온 국민에게 말씀한 것을 듣지 아니하였나이다 <u>단 9:5~6</u>

다니엘은 하나님이 이스라엘 백성을 회복시켜 주시리라는 것을 알았습니다. 그래서 되레 더욱 두려워합니다. 회복의 때가 가까웠다는 것은 온전한 회개가 필요하다는 뜻이기 때문입니다.

그는 이스라엘 백성이 철저히 회개하지 않으면 안 된다는 것을 알기에 애통하는 마음으로 기도의 자리에 앉습니다. 총리를 더하게 해 달라거나 다른 일을 맡게 해 달라고 기도하려는 것이 아닙니다. 이스라엘 백성이 지금의 모습으로는 약속의 땅으로 돌아갈 수 없다는 것을 알기에 애가 타는 것입니다.

"우리가 죄를 범했습니다. 패역했고, 행악했으며, 반역했습니다. 법도와 규례를 떠나 주의 말씀을 청종하지 않았습니다."

그동안 백성이 저질러 온 죄를 나열합니다. 온 백성이 그렇게 살았습니다. 주가 보내신 선지자들이 말씀을 전해도 도무지 듣지 않았습니다.

우리 삶의 실상을 보는 것만 같습니다. 그때나 지금이나 하나님을 떠난 백성이 살아가는 모습은 같습니다. 그것을 자각하지 못한 채 살아가는 모습이 안타까울 뿐입니다. 정치인과 공직자와 기업인과 성직자를 가릴 것 없이 온 국민이 범죄하고 패역하며 행악하고 반역하여 하나님의 법도와 규례를 떠나 살고 있습니다. 숱한 교회마저 떠난 지 오랩니다. 아무리 하나님의 말씀이 선포되어도 사람들은 귓등으로도 듣지 않습니다.

우리의 죄악이 하늘을 덮습니다. 노아의 시대에 하나님이 "사람의 죄악이 세상에 가득함과 그의 마음으로 생각하는 모든 계획이 항상 악할 뿐임을 보시고 땅 위에 사람 지으셨음을 한탄"(창 6:5~6)하셨듯이, 인간의 죄악이 먹장구름처럼 하늘을 가린 것을 보시고 애통해하십니다. 인간의 역사는 이렇게 되풀이됩니다.

> 주여 공의는 주께로 돌아가고 수치는 우리 얼굴로 돌아옴이 오늘과 같아서 유다 사람들과 예루살렘 거민들과 이스라엘이 가까운 곳에 있는 자들이나 먼 곳에 있는 자들이 다 주께서 쫓아내신 각국에서 수치를 당하였사오니 이는 그들이 주께 죄를 범하였음이니이다 단 9:7

인간은 정의를 부르짖지만 인간에게는 정의가 없습니다. 정의를 부르짖는 사람들이 과연 정말로 정의롭습니까? 아닙니다. 정의를 부르짖을수록 그것을 부르짖는 사람들의 얼굴에 수치가 돌아갈 뿐입니다. 누가 누구에게 돌을 던집니까? 정의를 부르짖는 사람들조차도 불의한 세상입니다. 모두가 불의합니다. 어느 한 편이 정의롭다면 그편에 설 텐데, 각계각층 불의하지 않은 데가 없습니다. 지위 고하를 막론하고, 남녀노소를 불문하고 모두가 죄를 범했고, 모두가 주를 떠났습니다.

인간이 있어야 할 자리는 정의를 부르짖는 자리가 아니라 금식하며 회개하는 자리입니다. 회개의 자리를 떠난 사람이 가야 할 자리는 수치의 자리입니다. 하나님 앞에서 죄를 짓는다는 생각이 없기에 결국은 사람 앞에서 수치를 겪게 될 것입니다.

> 8 주여 수치가 우리에게 돌아오고 우리의 왕들과 우리의 고관과 조상들에게 돌아온 것은 우리가 주께 범죄하였음이니이다 마는 9 주 우리 하나님께는 긍휼과 용서하심이 있사오니 이는 우리가 주께 패역하였음이오며 10 우리 하나님 여호와의 목소리를 듣지 아니하며 여호와께서 그의 종 선지자들에게 부탁하여 우리 앞에 세우신 율법을 행하지 아니하였음이니이다 단 9:8~10

다니엘이 백성을 대신해서 회개의 자리에 앉습니다. 왕들과 고관들과 조상들이 저지른 죄에 대해 회개합니다. 이처럼 모두가 죄를 범했지만 기도는 하나님을 아는 사람이 합니다.

"우리가 하나님 아버지의 명령을 듣지 않았습니다. 율법을 행하지 않았습니다. 말씀을 듣지도 않았고, 들어도 말씀대로 살지 않았습니다. 선지자들을 통해 그토록 목이 터져라 말씀하셨어도 우리가 그 말씀을 듣지 않았습니다."

하나님의 성품을 아는 사람이 기도합니다. 하나님이 우리에게 긍휼과 용서하심에 관한 놀라운 약속을 주셨기에 주님의 성품과 언약에 근거해서 기도합니다. 다니엘의 고백을 듣고 있자면 우리가 어떻게 기도해야 할지를 알게 됩니다.

그런데 우리가 백성을 대신해 기도한다고 해서 우리가 정의롭습니까? 우리가 공의롭습니까? 우리 또한 주님의 은혜가 아니면 기도의 자리에 나아올 수 없는 사람들입니다. 그럼에도 불구하고 기도의 자리에 앉는 까닭은 하나님의 긍휼하심과 자비하심과 인자하심을 알기 때문입니다.

> 온 이스라엘이 주의 율법을 범하고 치우쳐 가서 주의 목소리를 듣지 아니하였으므로 이 저주가 우리에게 내렸으되 곧 하나님의 종 모세의 율법에 기록된 맹세대로 되었사오니 이는 우리가 주께 범죄하였음이니이다 단 9:11

신명기의 모세 율법을 통해 이미 경고하신 그 저주가 그들에게 내려졌을 뿐입니다. 하나님은 그들이 말씀을 떠나 축복의 길에서 벗어나면 어떻게 될 것인지에 관해 이미 다 말씀해 주셨습니다. 그들이 말씀을 듣고도 괘념하지 않은 것입니다. 율법을 알고도 행하지 않은 것입니다. 심지어 저주의 형벌을 받을 수밖에 없는 죄까지 범했습니다.

다니엘이 모든 죄악을 인정합니다. 기도의 사람이 죄악을 인정합니다. 죄를 인정하는 것이 회복의 시작이기 때문입니다. 병을 인정하는 것이 치유의 시작인 것과 같습니다. 죄를 죄로 인식하고, 자복하는 것이야말로 회복의 시작입니다.

## 말씀을 읽는데
## 안 변할 수가 없다

다니엘이 이스라엘 백성의 죄를 대신 고하며 기도합니다. 백성이 제힘으로는 회복할 수 없기에 기도하는 것입니다.

> 12 주께서 큰 재앙을 우리에게 내리사 우리와 및 우리를 재판하던 재판관을 쳐서 하신 말씀을 이루셨사오니 온 천하에 예루살렘에서 일어난 일 같은 것이 없나이다 13 모세의 율법에 기록된 대로 이 모든 재앙이 이미 우리에게 내렸사오나 우리는 우리의 죄악을 떠나고 주의 진리를 깨달아 우리 하나님 여호와의 얼굴을 기쁘게 하지 아니하였나이다 14 그러므로 여호와께서 이 재앙을 간직하여 두셨다가 우리에게 내리게 하셨사오니 우리의 하나님 여호와께서 행하시는 모든 일이 공의로우시나 우리가 그 목소리를 듣지 아니하였음이니이다 15 강한 손으로 주의 백성을 애굽 땅에서 인도하여 내시고 오늘과 같이 명성을 얻으신 우리 주 하나님이여 우리는 범죄하였고 악을 행하였나이다
> 단 9:12~15

주님이 매를 드시면 이스라엘 백성은 한순간에 고꾸라지고 말 것입니다. 누군가가 금식하며 회개 기도를 하지 않는 한 어디서도 소망을 찾을 수 없게 된 지경에 이르렀습니다. 백성 가운데 의인

이 없으면 어디에도 기댈 곳이 없는 나라가 되고 만 것입니다. 위태로워도 이렇게 위태로울 수가 없습니다. 하나님께 은혜를 받은 자라면 하던 일을 멈추고 기도의 자리에 앉아야 할 때입니다.

우리도 마찬가지입니다. 지금 이 나라를 돌이킬 길은 하나님의 성품을 아는 사람들의 기도밖에 없습니다. 우리가 정말로 악한 길에서 떠나 스스로 낮추고 기도하며 하나님의 얼굴을 찾으면, 하나님이 하늘에서 들으시고 우리 죄를 사하시고 이 땅을 고쳐 주시리라 믿습니다.

기도가 이 나라를 구할 것입니다. 정치인이 나라를 구하는 것이 아닙니다. 하나님이 이 땅을 지켜 주실 것입니다. 군인이 이 땅을 지키는 것이 아닙니다. 하나님이 막아 주시지 않는다면 한순간에 넘어질 나라입니다.

성경 이야기를 들려주면 왜 남의 나라 역사를 들려주느냐고 반문하는 사람이 있습니다. 우리나라 역사도 잘 모르는데 왜 이스라엘 역사를 배우느냐는 것입니다. 이스라엘 역사가 성경의 큰 줄거리에 포함되어 있는 것은 사실입니다. 그러나 이 책이 '성경'인 까닭은 하나님이 한 민족을 어떻게 만드시고, 어떻게 이끄시고, 돌이킬 수 없을 만치 타락한 백성을 어떻게 이끌어 회복시키셨는지를 온 인류에게 보여 주기 때문입니다.

성경에는 사람의 지혜를 뛰어넘는 지혜가 담겨 있습니다. 하나님의 지혜는 땅에서 시작해서 땅으로 끝나는 인간의 이야기로는 이해할 수 없는 지혜입니다.

<sup>16</sup> 주여 구하옵나니 주는 주의 공의를 따라 주의 분노를 주의 성 예루살렘, 주의 거룩한 산에서 떠나게 하옵소서 이는 우리의 죄와 우리 조상들의 죄악으로 말미암아 예루살렘과 주의 백성이 사면에 있는 자들에게 수치를 당함이니이다 <sup>17</sup> 그러하온즉 우리 하나님이여 지금 주의 종의 기도와 간구를 들으시고 주를 위하여 주의 얼굴빛을 주의 황폐한 성소에 비추시옵소서 단 9:16~17

기도는 주의 얼굴을 뵙는 것이고, 축복은 하나님의 얼굴이 우리를 향하는 것입니다. 그렇다면 저주는 무엇입니까? 하나님이 그의 얼굴을 우리에게서 돌리시는 것입니다. 우리를 외면하시는 것이 저주입니다.

이스라엘 백성이 자녀를 축복할 때 드리는 기도를 들어보십시오.

<sup>22</sup> 여호와께서 모세에게 말씀하여 이르시되 <sup>23</sup> 아론과 그의 아들들에게 말하여 이르기를 너희는 이스라엘 자손을 위하여 이렇게 축복하여 이르되 <sup>24</sup> 여호와는 네게 복을 주시고 너를 지키시기를 원하며 <sup>25</sup> 여호와는 그의 얼굴을 네게 비추사 은혜 베푸시기를 원하며 <sup>26</sup> 여호와는 그 얼굴을 네게로 향하여 드사 평강 주시기를 원하노라 할지니라 하라 <sup>27</sup> 그들은 이같이 내 이름으로 이스라엘 자손에게 축복할지니 내가 그들에게 복을 주리라 민 6:22~27

기도하는 사람의 얼굴이 빛나는 이유가 무엇입니까? 하나님의 얼굴빛이 그에게 비추었기 때문입니다.

시내 산에서 모세가 하나님께 십계명을 받고 내려올 때, 그의 얼굴에서 광채가 났습니다(출 34장). 아론과 온 이스라엘 자손이 그 광채를 보고 두려워했습니다. 결국 모세가 수건으로 얼굴을 가릴 정도였습니다.

성도의 얼굴을 보고 놀랄 때가 있습니다. 처음 만났을 때는 새까맣게 죽어 가던 얼굴이었는데, 어느새 천사의 얼굴처럼 빛나는 것을 봅니다. 왜 그렇습니까? 날마다 하나님의 얼굴을 보기 때문입니다. 날마다 하나님 얼굴빛이 그 사람을 향한 것입니다.

그러니 눈을 들어 하나님을 바라보십시오. 하나님의 얼굴빛이 우리를 향하시기를 기도하며 하나님의 얼굴을 구하십시오. 어느 순간 얼굴이 변할 것입니다. 얼굴색이 변하고, 얼굴의 형태가 변할 것입니다. 얼굴이란 "얼의 꼴"의 줄임말입니다. 얼, 즉 영혼의 꼴이 변하는 것입니다.

말씀을 읽는데 안 변할 수가 없습니다. 날마다 하나님을 구하는데 안 변할 수가 없습니다. 만약에 변하지 않는다면 기도의 자리에서 누구를 만나고 있는지 점검해 봐야 할 것입니다.

## 하나님의 이름 위하여
## 응답하신다

다니엘의 기도로 민족의 운명이 달라졌습니다. 그의 기도가 한 시대를 깨우고, 자기 민족을 해방시켰습니다.

그는 예레미야의 예언을 통해 이스라엘 백성이 귀환할 때가 가까웠다는 것을 알았습니다. 실제로 다니엘이 기도한 지 1년 후에 이스라엘 백성의 귀환이 시작됩니다. 귀환을 앞두고 이때야말로 철저히 회개해야 할 때임을 알았던 것입니다. 지금의 모습으로는 돌아갈 수도 없고, 돌아가서도 안 되었기 때문입니다.

다니엘은 항상 하나님께 기도하던 사람입니다. 누가 보건 보지 않건 정한 대로 하나님의 긍휼하신 성품에 의지하여 기도해 온 사람입니다. 누구보다도 열심히 기도했지만 자기 열심 때문에 기도한 것은 아닙니다.

> 18 나의 하나님이여 귀를 기울여 들으시며 눈을 떠서 우리의 황폐한 상황과 주의 이름으로 일컫는 성을 보옵소서 우리가 주 앞에 간구하옵는 것은 우리의 공의를 의지하여 하는 것이 아니요 주의 큰 긍휼을 의지하여 함이니이다 19 주여 들으소서 주여 용서하소서 주여 귀를 기울이시고 행하소서 지체하지 마옵소서 나의 하나님이여 주 자신을 위하여 하시옵소서 이는 주의 성과 주의 백성이 주의 이름으로 일컫는 바 됨이니이다 단 9:18~19

다니엘이 기도하는 이유를 들으면 더욱 놀라게 됩니다.

"주님, 용서해 주십시오. 우리 기도를 들어주십시오. 우리는 주의 이름으로 일컫는 주의 백성이기 때문입니다. 그러니 이 기도는 주님을 위한 기도입니다. 주님, 제발 주님을 위하여 이 기도를 들어주십시오."

자신과 백성을 위해 기도하지만, 주님을 위해서도 기도한다는 것입니다. 오직 하나님만이 공의로우시므로 하나님 자신을 위하여 공의를 베풀어 달라는 것입니다. 이것이 기도의 절정입니다.

"주님 자신을 위해서 해 주십시오."

예수님이 바로 이 기도를 가르쳐 주셨습니다.

### 먼저 그의 나라와 그의 의를 구하라 <sup>마 6:33</sup>

하나님의 이름과 하나님의 나라와 그의 뜻을 위하여 기도하라고 말씀하셨습니다. 주기도문도 "하늘에 계신 우리 아버지여 이름이 거룩히 여김을 받으시오며"(마 6:9)로 시작하지 않습니까? 하나님의 이름은 기도 응답의 만능열쇠와도 같습니다.

기도의 절정에 이르면 기도하는 사람은 온데간데없고, 오직 하나님 한 분만 남으십니다. 기도의 자리에서 가장 중요한 분은 하나님이십니다. 하나님이 내 기도를 들어주시는 것은, 내가 중요해서가 아니라 하나님이 중요하시기 때문입니다.

"하나님 자신을 위해서 기도를 들어주십시오" 하는 것이야말로 기도의 완성입니다. 하나님의 이름을 위하여, 하나님 자신을 위하여 기도가 응답될 것입니다.

> [20] 내가 이같이 말하여 기도하며 내 죄와 내 백성 이스라엘의 죄를 자복하고 내 하나님의 거룩한 산을 위하여 내 하나님 여호와 앞에 간구할 때 [21] 곧 내가 기도할 때에 이전에 환상 중에 본 그 사람 가브리엘이 빨리 날아서 저녁 제사를 드릴 때 즈음에 내게 이르더니 [22] 내게 가르치며 내게 말하여 이르되 다니엘아 내가 이제 네게 지혜와 총명을 주려고 왔느니라 [23] 곧 네가 기도를 시작할 즈음에 명령이 내렸으므로 이제 네게 알리러 왔느니라 너는 크게 은총을 입은 자라 그런즉 너는 이 일을 생각하고 그 환상을 깨달을지니라 단 9:20~23

하나님은 다니엘에게 70이레의 환상을 보여 주십니다. 기도의 자리에서 기도하면 주님이 반드시 응답하실 것을 믿으십시오. 주님의 이름을 위하여 기도하십시오. 비록 우리가 주의 이름에 합당하지 않게 살아왔지만, 도저히 용서받지 못할 죄를 저질렀지만, 주님의 이름 때문에라도 용서해 달라고 기도하십시오. 자신의 죄뿐 아니라 이웃과 민족의 죄를 품고 주님께 용서를 구하십시오.

"그리스도인이 주님을 증거하지 않은 탓입니다. 우리가 이 백성을 주께로 돌이키지 않은 탓입니다. 우리가 저들을 부러워하고, 우리가 저들을 경멸하고, 우리가 저들을 멀리한 탓입니다. 주님을 먼저 믿은 우리 잘못입니다. 주님을 아는 우리의 게으름 때문입니다. 이단만도 못한 우리의 어리석음 때문입니다. 하나님을 모르는 사람들보다도 더 타락한 우리 자신 때문입니다.

주님, 우리를 불쌍히 여겨 주시고 우리를 용서해 주십시오. 주님의 이름을 위하여 이 민족을 불쌍히 여기시어 용서해 주십시오."

# 14
chapter

기도의 응답

## 응답받는 기도는

## 무엇인가

>>>>

 

인간은 하나님의 모양과 형상을 따라 지음 받았습니다. 하나님이 사람을 지으신 목적이 무엇입니까? 하늘과 땅을 연결하기 위해서입니다. 인간은 하늘과 땅의 중간자입니다.

하나님은 사람을 지으시고 "땅에 충만하라, 땅을 정복하라, 바다의 물고기와 하늘의 새와 땅에 움직이는 모든 생물을 다스리라"(창 1:28)라고 말씀하셨습니다. 하나님이 하실 수 없어서 인간에게 부탁하신 것입니까? 아니면 하나님께 성가신 일이어서 인간에게 맡기신 것입니까? 둘 다 아닙니다. 하나님이 인간과 함께 이 모든 일을 해 나가기로 하셨기 때문입니다.

땅의 것들을 다스릴 책임이 우리에게 주어졌습니다. 그러면 땅이 우리 것입니까? 어느 것도 우리 것은 없습니다. 이 땅의 어떤 것도 사람의 것은 없습니다. 다만 청지기로서, 관리인으로서 맡겨 두신 것을 돌볼 뿐입니다. 죄가 무엇입니까? 자기 것이 아닌 것을 자기 것인 양 속이는 것입니다.

예수님이 청지기가 맡아서 해야 할 일이 무엇인지 말씀해 주십니다. "뜻이 하늘에서 이루어진 것 같이 땅에서도 이루어지게 하는 일"입니다. 이것은 기도의 비밀이기도 합니다. 인간은 청지기로서 내 것 아닌 것을 내 것처럼 여겨야 하고, 내 것처럼 보살펴야 합니다.

이 일을 엉망으로 만드는 존재가 있습니다. '내 것'이라고 속삭이는 존재, 바로 사탄입니다. 사탄은 사람을 유혹하고 협박해서 인간의 목적을 바꿔 놓습니다. 하나님의 뜻이 아니라 자기 뜻을 구하도록 부추깁니다. 그래서 이 땅의 죄인들이 자기 것을 추구하는 것입니다. 자기 것밖에 모르는 것은 사탄의 계략에 말려든 탓입니다.

사탄은 하나님의 뜻에 거스르기 위해 인간을 인질로 삼습니다. 인질이 된 인간은 하나님의 대리인이 아닌 악한 영적 존재에 굴복하는 하수인으로 전락하고 맙니다.


## 천사들이 기도를
## 금향로에 담다

역사 속에 하나님의 프로젝트가 진행 중입니다. 하나님의 질서를 회복하는 프로젝트입니다. 에덴동산에서 기획되어 지금까지 이어져 오고 있습니다. 프로젝트 이름은 '구원', 인질 구출 작전입니다. 그동안 사탄에게 수많은 인질이 희생되었습니다. 또한 수많은 인질을 구출해 내기도 했습니다.

하나님은 사람에게 땅을 맡기시고, 하나님의 선하신 목적이 이 땅 가운데 이루어지기를 원하셨습니다. 하지만 타락한 인간이 땅을 제 것처럼 여기기 시작합니다. 땅이 인간의 것으로 전락해 가는 과정이 타락입니다. 그리고 그 타락을 회복해 가는 과정이 구원입니다. 성경은 바로 하나님의 구원 프로젝트에 관한 이야기입니다.

우리가 자기 것을 구하는 데만 몰두해서야 무슨 유익이 있습니까? 하나님의 나라가 이 땅 위에 어떻게 이루어지겠습니까? 하나님의 뜻이 이 땅 가운데 어떻게 성취되겠습니까?

하나님은 "누구든지 주의 이름을 부르는 자는 구원을 받으리라"(행 2:21)고 말씀하셨습니다. 그런데 사람들이 주의 이름을 부릅니까? 구원을 부르짖습니까? 아닙니다. 복음을 전해도 세상 사람들은 여전히 들은 체 만 체합니다.

오히려 사람이 없었으면 하나님의 뜻대로 땅이 온전히 지켜졌을지도 모릅니다. 그러면 왜 이 땅 위에 인간을 지으신 것입니까?

가정부나 파출부를 고용하는 이유가 무엇입니까? 집안일을 몽땅 맡기기 위해서입니까? 아닙니다. 그들은 집안일을 돕지만 책임은 없습니다. 다만 일을 나눠서 하는 것뿐입니다.

옛날 할머니가 살림하시던 시절에는 '식모'로 불리는 사람이 있었습니다. 집에서 같이 살면서 집안일을 도왔습니다. 식모들이 견디질 못했습니다. 할머니가 워낙 부지런하고 잔소리가 많아서 얼마 견디지 못하고 나가곤 했습니다. 새벽 3시부터 일어나서 일을 하고 다니시니 따라갈 수가 없었던 것입니다.

하나님이 그런 주인이십니까? 아닙니다. 하나님은 우리에게 땅을 맡기실 때, 놀랍게도 자유의지도 함께 주셨습니다. 자유의지로 하나님과 동역하는 기쁨을 맛보게 하신 것입니다. 순종을 통해 주님의 뜻을 알아가고 주님의 뜻에 동참할 때, 우리는 자기 것을 좇던 것과는 비교할 수 없는 기쁨을 맛보게 됩니다. 이것이 하나님의 선하신 목적입니다.

우리 기도가 하나님께 어떻게 상달되는지를 알면, 하나님이 우리를 통해 무슨 일을 하고자 하시는지를 알 수 있습니다. 또한 하나님이 왜 구원의 과정을 인간과 함께하려 하시는지를 알게 됩니다.

이것을 요한계시록을 통해 살펴보겠습니다.

요한계시록은 성도들의 기도가 하나님께 어떻게 상달되는지를 시각적으로 보여 줍니다.

> ¹ 일곱째 인을 떼실 때에 하늘이 반 시간쯤 고요하더니 ² 내가 보매 하나님 앞에 일곱 천사가 서 있어 일곱 나팔을 받았더라 ³ 또 다른 천사가 와서 제단 곁에 서서 금향로를 가지고 많은 향을 받았으니 이는 모든 성도의 기도와 합하여 보좌 앞 금 제단에 드리고자 함이라 ⁴ 향연이 성도의 기도와 함께 천사의 손으로부터 하나님 앞으로 올라가는지라 계 8:1~4

천사가 제단 곁에서 금 제단에 드려질 금향로를 들고 있습니다.

향로에서 향연(香煙)이 하늘로 올라갑니다. 성도들의 기도와 함께 하나님 앞으로 올라가는 것입니다.

예루살렘 성전에서는 아침저녁으로 번제를 드렸습니다. 번제를 드릴 때는 반드시 향로에 불을 담았습니다. 불을 담을 때, 성도들이 함께 기도를 드렸습니다.

> 나의 기도가 주의 앞에 분향함과 같이 되며 나의 손 드는 것이 저녁 제사 같이 되게 하소서 시 141:2

제사 때마다 분향하고, 향연이 올라갈 때마다 성도들이 기도했습니다. 아침저녁으로 드리는 기도는 하나님께 올라가는 향기와도 같습니다. 금향로에 성도들의 기도가 가득합니다.

사도 요한은 우리가 입으로 뱉은 기도, 부르짖어 드린 기도, 엎드려 드린 기도, 무릎 꿇고 드린 기도, 손들고 드린 기도, 통곡하며 드린 기도… 믿음으로 드린 모든 기도가 금향로에 담기는 모습을 봤습니다.

"일곱째 인을 떼실 때에 하늘이 반 시간쯤" 고요해졌습니다. 30분 정도 정적이 흐른 것입니다. 이때 금향로에 많은 향이 담깁니다. 모든 성도의 기도가 담기는 것입니다. 백성의 기도는 향로에 담긴 불과 함께 제단에 드려집니다.

땅의 성전은 하늘 성전의 모형입니다. 요한은 향로의 원형이 기도임을 봤습니다. 기도가 어떻게 상달되는지를 확인한 것입니다.

그 두루마리를 취하시매 네 생물과 이십사 장로들이 그 어린양
앞에 엎드려 각각 거문고와 향이 가득한 금 대접을 가졌으니 이
향은 성도의 기도들이라 계 5:8

이스라엘 백성은 시편으로 기도할 때 손을 들어 기도하곤 했습
니다. 요한은 기도의 향기가 올라가는 것을 기도하는 모습으로 연
상하도록 시각화합니다. 기도가 하나님 앞에 반드시 상달된다는
것을 보여 주는 것입니다.

네 생물과 이십사 장로들이 예수님 앞에 엎드립니다. 각자 향이
가득한 금 대접을 가졌는데, 바로 여기에 성도들의 기도가 담겼습
니다. 땅에서 드리는 기도가 금 대접에 담깁니다.

이 땅에서 성도들이 올려 드리는 기도는 절대로 사라지지 않습
니다. 혹시 기도한 사람은 기억 못할지도 모릅니다. 자기 기도가
응답된지도 모른 채 이 땅을 떠날 수도 있습니다. 기도한 사람은
이 땅에서 사라질지라도 그의 기도는 사라지지 않는다는 사실을
아는 것이 중요합니다.

한 사람이 어떻게 해서 믿음을 갖고, 어떻게 해서 구원에 이릅
니까? 사라지지 않는 기도 덕분입니다. 한 민족이 어떻게 구원을
받습니까? 오래전에 드려진 기도가 사라지지 않고 응답되었기 때
문입니다. 골방의 기도가 왜 중요합니까? 어린양께 드리는 금 대
접에 담기기 때문입니다. 순교자들의 기도가 왜 그토록 중요합니
까? 고스란히 제단에 드려지기 때문입니다. 모든 기도가 하나님

앞에 고스란히 드려집니다.

우리 기도는 이미 천상의 금 대접에 영원히 담겼습니다. 기도는 하나님의 귀에 들리기 전에 먼저 천사들의 손에 든 금 대접에 담깁니다. 안심하십시오. 우리 기도는 사라지지 않습니다. 반드시 상달된다는 사실을 믿고, 기도하기 바랍니다.

## 낙심하지 않아도 될
## 충분한 이유

성도들의 기도가 천사의 손에서 하나님께로 올라갑니다.

> 향연이 성도의 기도와 함께 천사의 손으로부터 하나님 앞으로 올라가는지라 계 8:4

기도에는 놀라운 능력이 있습니다. 무능하고 무기력해 보이는 사람의 기도라도 전심으로 드리는 기도는 세상에서 가장 유능하고 강력한 사람의 행동을 막아설 수 있습니다. 기도는 산을 뚫고, 바다를 건너는 위력이 있습니다.

게다가 하나님은 믿음의 기도를 차별하지 않으십니다. 사람은 사람을 차별하지만 하나님은 누구도 차별하지 않으십니다. 어린 아이의 천진난만한 기도나 할머니의 간절한 기도나 순교자의 처절한 기도를 달리 보지 않으십니다. 기도에 차별이 없음을 알고 담대히 구하십시오. '저 사람한테 기도를 부탁하면 좀 나으려나? 저 사람의 기도로 덕 좀 볼 수 있을까?' 하고 생각할 필요가 없습니다.

예수님이 오심으로써 구원 프로젝트가 새로운 국면으로 접어들었습니다. 대규모 구출 작전이 시작된 것입니다. 문제는 인질들이 미심쩍어 한다는 것입니다. 구출하고자 하시는 하나님의 선하심을 믿지 못하고 의심합니다.

그럼에도 불구하고 하나님은 믿음으로 구조를 요청하는 부르짖음에는 반드시 응답하십니다. 모든 기도를 차별 없이 들으십니다. 담대히 구하기만 하면 하나님이 반드시 응답하십니다.

그렇다면 기도는 언제 응답될까요?

> [9] 다섯째 인을 떼실 때에 내가 보니 하나님의 말씀과 그들이 가진 증거로 말미암아 죽임을 당한 영혼들이 제단 아래에 있어 [10] 큰 소리로 불러 이르되 거룩하고 참되신 대주재여 땅에 거하는 자들을 심판하여 우리 피를 갚아 주지 아니하시기를 어느 때까지 하시려 하나이까 하니 [11] 각각 그들에게 흰 두루마기를 주시며 이르시되 아직 잠시 동안 쉬되 그들의 동무 종들과 형제들도 자기처럼 죽임을 당하여 그 수가 차기까지 하라 하시더라
>
> 계 6:9~11

순교자들이 부르짖습니다. "생명을 빼앗긴 안타까운 우리 사연을 주님이 언제 응답해 주시렵니까?" 주님이 그들의 부르짖음에 "기다려라. 내가 주는 두루마기를 입고 잠시 쉬어라. 때가 되면 반드시 너희 기도에 응답하리라" 하고 약속하십니다.

때가 이르면 반드시 응답될 것입니다. 하나님은 시간을 재고 계십니다. 응답의 시간은 하나님의 소관입니다. 예수님도 그 시간은 아버지만 아신다고 말씀하셨습니다.

우리는 "무슬림 땅에서 순교하는 저들의 피를 그냥 내버려 두십니까? 언제까지 저들이 피를 흘려야만 합니까?" 하고 묻지만, 하나님은 때가 되면 반드시 모든 것에 응답해 주실 것입니다. 하나님이 순교자들의 신원을 위한 기도가 반드시 응답되리라고 약속해 주셨기 때문입니다.

다만 순교자의 수가 찰 때를 기다리고 계신 것입니다. 그들을 위한 기도가 찰 때까지 기다려야 합니다. 때가 되면 기도의 대접이 쏟아질 것입니다. 하나님의 심판은 성도들의 기도와 상관있습니다. 하나님이 자기 백성과 함께하기로 결정하셨기 때문입니다.

그러니 기도하다가 낙심하지 않기를 바랍니다. 낙심하지 말아야 할 이유가 분명합니다. 때가 되면 하나님이 반드시 약속을 성취하시고, 반드시 열매를 맺게 하실 것이기 때문입니다. 그러니 낙심하지 마십시오. 이 땅에서 드린 기도가 내 때에 응답되지 않는다고 해도 낙심하지 마십시오. 이미 오래전에 믿음의 조상들이 드린 기도가 오늘날 얼마나 많이 응답되었습니까?

아프가니스탄에 선교사로 다녀온 분이 50년 전에 뿌린 기도의 씨앗이 이제 열매를 맺고 있다고 간증하는 것을 들은 적이 있습니다. 그러니 한반도에서 130년 전에 드린 기도가 왜 이제야 응답되느냐고 묻지 마십시오. 이 땅에 드려진 수많은 기도는 언젠가 반드시 응답되리라는 것을 믿으십시오. 그 믿음이 없으면 기도의 자리에 오래 앉아 있지 못할 것입니다.

우리가 기도의 자리를 지킬 수 있는 까닭은 우리의 기도가 금향로에 담겨 하나님께 상달되어 언젠가는 하나님께서 응답하신다는 믿음이 있기 때문입니다.

세간에 비선실세에 관한 이야기가 많이 떠돌았습니다. 그러나 어느 정권이건 비선이 없던 시절이 없고, 정부 조직 외의 실세가 없던 적도 없습니다. 다만 그것이 드러났느냐 드러나지 않았느냐의 차이일 뿐입니다. 이 땅의 권력자들은 예외 없이 비선실세를 가지고 있기 마련입니다. 하지만 하나님 나라에는 비선실세가 따로 없습니다. 누구든지 기도로 나아갈 수 있기 때문입니다.

그런데도 기도로 나아가는 이가 드뭅니다. 기도할 필요가 없다고 생각하는 사람들이 얼마나 많은지 모릅니다. 그들은 하나님을 거부합니다. 하나님이 하나님의 백성들과 어떻게 교제하고 소통하시는지를 모르기 때문입니다.

하나님은 성도들의 기도를 듣고, 때를 정하십니다.

하나님은 히스기야를 이 땅에서 데려 가기로 결정하시고, 이사야 선지자를 통해 그에게 통보하셨습니다. 그런데 병든 히스기야가 눈물로 호소합니다. 하나님이 그의 기도를 듣고 어떻게 하십니까?

<sup>1</sup> 그때에 히스기야가 병들어 죽게 되매 아모스의 아들 선지자 이사야가 그에게 나아와서 그에게 이르되 여호와의 말씀이 너는 집을 정리하라 네가 죽고 살지 못하리라 하셨나이다 <sup>2</sup> 히스기야가 낯을 벽으로 향하고 여호와께 기도하여 이르되 <sup>3</sup> 여호와여 구하오니 내가 진실과 전심으로 주 앞에 행하며 주께서 보시기에 선하게 행한 것을 기억하옵소서 하고 히스기야가 심히 통곡하더라 <sup>4</sup> 이사야가 성읍 가운데까지도 이르기 전에 여호와의 말씀이 그에게 임하여 이르시되 <sup>5</sup> 너는 돌아가서 내 백성의 주권자 히스기야에게 이르기를 왕의 조상 다윗의 하나님 여호와의 말씀이 내가 네 기도를 들었고 네 눈물을 보았노라 내가 너를 낫게 하리니 네가 삼 일 만에 여호와의 성전에 올라가겠고 <sup>6</sup> 내가 네 날에 십오 년을 더할 것이며 내가 너와 이 성을 앗수르 왕의 손에서 구원하고 내가 나를 위하고 또 내 종 다윗을 위하므로 이 성을 보호하리라 하셨다 하라 하셨더라 <sub>왕하 20:1~6</sub>

하나님은 병들어 죽게 된 히스기야에게 15년을 더 허락해 주십니다. 무엇 때문입니까? 이스라엘 백성을 앗수르 왕의 손에서 구원하는 일을 하게 하기 위해서입니다. 하나님이 자기 백성에게 시간과 환경과 지위와 재능을 허락하시는 것은 '구원 프로젝트' 때문임을 잊지 마십시오. 하나님은 구원을 위해서 일하십니다. 구원

을 위해서 하나님의 자녀들과 함께 일하십니다.

우리는 때로 이해할 수가 없습니다. '어떻게 저런 사람을 쓰시나' 하고 고개를 갸웃거립니다. 그러나 그렇게 물어서는 안 됩니다. 하나님은 구원을 위해 서원하는 사람, 자원하는 사람을 기쁘게 받으시고 그들에게 기회를 주시기 때문입니다.

내가 살아온 길을 돌아보면, 지금껏 살아있는 것이 신기할 때가 있습니다. 죽음의 순간이 얼마나 많았는지 모릅니다. 내가 믿음을 가지고 돌아본즉 생을 마칠 때까지 하나님의 일을 하라고 살려 두셨다고 밖에는 달리 생각나는 이유가 없습니다.

왜 똑똑한 사람은 보화가 묻힌 밭을 살 수 없을까요? 땅을 파 볼 일이 없기 때문입니다. 땅 위에 모든 게 있는데 뭐 하러 땅을 파겠습니까? 하나님이 밭에 보화를 묻어 숨겨 놓으셨는데 아무도 주목하지 않습니다. 그러다가 지지리도 못난 사람이 보화를 발견하고 자기 가진 모든 것을 팔아 그 땅을 삽니다. 주님이 보화를 빼앗으시겠습니까? 아닙니다. 그에게 보화를 맡기실 것입니다.

하나님이 못난 사람을 쓰시는 데는 이유가 있습니다. 잘난 사람은 구하지 않기 때문입니다. 자기 전부를 팔아서 보화를 사지 않기 때문입니다.

하나님이 부르신 목적을 잊어버리면 우리는 계속해서 자기 것만을 구할 것입니다. 그러나 하나님을 믿는다는 것은 하나님이 시작하신 구원 프로젝트를 위해 부름 받았다는 뜻입니다. 우리가 하는 모든 말과 행동이 구원에 초점이 맞춰져야 합니다.

보화가 묻힌 땅을 발견하길 바랍니다. 그리고 발견하거든 가진 모든 것을 팔아서 그 땅을 사길 바랍니다. 미루지 마십시오. 천국은 침노하는 자의 것입니다. 머뭇거리지 마십시오. 언제 우리를 데려가실지 모릅니다.

데려가시겠다는 통보가 오면, 기쁘게 가든지 아니면 시간을 더 달라고 구하십시오. 명분은 한 가지뿐입니다. 하나님의 구원 프로젝트에 도움이 되고 싶다는 말씀 외에는 다른 명분이 없습니다.


## 기도의 특권은
## 곧 책임이다

우리가 이 땅의 심판을 늦춰 달라고 기도하는 것은 구원받아야 할 사람이 많이 남아 있기 때문입니다. 하나님이 심판을 늦추고 기다리시는 것은 구원을 간구하는 기도 때문입니다. 이 땅의 백성들이 구원을 위해 기도하지 않으면 아마 그때 종말이 닥칠 것입니다.

우리 기도는 하나님의 심판을 멈출 수도 있고, 앞당길 수도 있습니다. 우리가 어떻게 기도하느냐에 따라서, 무슨 기도를 하느냐에 따라서 하나님이 심판의 때를 결정하실 것입니다.

천사가 향로를 가지고 제단의 불을 담아다가 땅에 쏟으매 우레와 음성과 번개와 지진이 나더라 계 8:5

"우레와 음성과 번개와 지진"은 하나님의 임재와 심판을 상징하는 표현입니다. 기도하지 않는 사람에게는 모든 것이 우연일 뿐이지만 기도하는 사람은 하나님의 응답을 알아듣습니다.

믿음이 없는 사람들에게는 이스라엘 땅에 3년 반 동안 계속된 가뭄이 그냥 자연재해로 보였을 것입니다. 그러나 비가 멈추기를 기도한 엘리야에게는 기도의 응답입니다. 오랜 가뭄 뒤에 다시 비가 내렸습니다. 기도하지 않는 사람들에게는 때가 되어서 비가 내리는 것처럼 보였을 것입니다. 그러나 그것은 다시 비를 내려 주시도록 기도한 엘리야에게 주시는 하나님의 응답이었습니다.

우리는 수많은 사람의 수많은 기도 응답 이야기를 듣습니다. 아무리 많은 이야기를 들려주어도 믿음이 없는 사람, 기도할 생각이 없는 사람에게는 아무런 흥밋거리도 되지 않습니다.

예수님이 믿음의 기도에 관해 말씀하십니다. 그 능력을 말씀하시는 데 놀라서 입을 다물지 못할 정도입니다.

> 이르시되 너희 믿음이 작은 까닭이니라 진실로 너희에게 이르노니 만일 너희에게 믿음이 겨자씨 한 알 만큼만 있어도 이 산을 명하여 여기서 저기로 옮겨지라 하면 옮겨질 것이요 또 너희가 못할 것이 없으리라 마 17:20

우리는 믿음이 있어도 이런 기도를 잘 하지 않습니다. 하나님은 "구하라. 찾으라. 두드리라" 하고 말씀하시지만, 우리는 자기 믿음

만큼만 구하고, 찾고, 두드릴 뿐입니다.

사람이 자기 것을 구할 때는 초라해집니다. 그러나 이웃의 필요와 구원을 위해서, 하나님의 뜻을 위해서 구한다면 하나님은 그 앞에 놓인 장애물을 쓸어버리듯이 없애 버리실 것입니다.

믿음의 눈을 뜨지 않으면, 무슨 일이 일어나도 또는 일어나지 않아도 그 까닭을 종잡을 수 없습니다. 그러나 기도하는 사람은 왜 그런 일이 일어나는지, 왜 그런 일이 일어나지 않는지 압니다. 그 비밀은 기도의 특권을 가진 사람만이 알 수 있습니다.

그보다 더 중요한 것은 기도의 특권은 곧 기도의 책임이라는 사실입니다. 모르는 사람은 끝까지 까닭을 모릅니다. 모르는 사람은 모른 채로 죽을 것입니다. 그러나 기도하는 사람은 알아야 합니다. 알고 기도를 멈추지 말아야 합니다.

> [17] 하나님의 성소에 들어갈 때에야 그들의 종말을 내가 깨달았나이다 [18] 주께서 참으로 그들을 미끄러운 곳에 두시며 파멸에 던지시니 [19] 그들이 어찌하여 그리 갑자기 황폐되었는가 놀랄 정도로 그들은 전멸하였나이다 시 73:17~19

땅의 것을 부러워하며 하나님께 구할 때가 있습니다. 이 땅의 사람들을 부러워하면서 그들이 가진 것을 탐하며 구할 때가 있습니다.

그러나 기도의 자리로 들어가면, 우리가 그렇게 부러워하던 그

악한 사람들의 끝이 어떠한가를 한눈에 볼 수 있습니다. 기도의 자리는 끝을 보는 자리입니다. 아직 눈앞에 펼쳐지지 않았지만, 일어날 실상을 보는 것이 기도의 자리입니다. 그곳에서 악한 자들의 종말을 깨닫는 것입니다. 그들은 전멸할 것입니다.

그런데도 악한 사람들은 하나님께 나아오지 않습니다. 그들이 나아오지 않는 까닭이 무엇입니까? 기도하는 사람인 우리에게 간절함이 없어서입니다. 하나님이 시작하신 구원 프로젝트를 따라 전심으로 그들을 위해 기도하지 않아서입니다. 먼저 구원을 받고서도 자기 것을 구하느라 그들을 위해 기도하지 않는 탓입니다. 심지어 세상이 추구하는 것을 탐하며 구하고 있으니 하나님이 얼마나 통탄하시겠습니까?

우리 기도가 뿌리째 바뀌기를 원합니다. 하나님은 기도에 응답하지 않으시는 분이 아닙니다. 응답하시는 하나님입니다. 그러나 우리가 기도의 자리에 앉아야 하는 이유는 창세기부터 요한계시록까지, 인류의 시작에서부터 끝까지 인류의 구원을 위해서임을 알아야 합니다.

주님이 당신의 구원 사역에 동참하기만 하면, 필요한 모든 것을 공급해 주는지 안 해 주는지를 두고 보라고 말씀하십니다. 전심으로 구원 프로젝트에 합당한 일을 하고 있습니까? 그 일이 아니라면 기도의 자리에 앉을 이유가 없습니다. 그 목적이 아니라면 우리 기도는 의미가 없습니다.

## 하늘의 것으로
## 땅의 문제를 해결하라

그리스도의 이름으로 모여서 함께 기도할 때, 우리는 무엇을 구해야 할까요? 주님의 뜻을 따라 구한다는 것이 무엇입니까?

하나님은 반드시 응답하시는 분이라는 믿음이 왜곡되면, 자기 것을 구해도 반드시 응답하시리라는 헛된 믿음을 갖지 않겠습니까? 이 땅에서 일어나는 모든 혼란은 누구 때문입니까? 그리스도인이 자기 것만 구하기 때문입니다. 세상 것을 구하고, 구원받지 않은 사람들의 것을 탐하기 때문입니다.

만약에 모든 그리스도인이 믿지 않는 사람들의 구원을 간절히 구했더라면, 하나님은 이미 이 땅 가운데 하나님 나라를 온전히 펼치셨을 것입니다.

땅의 것으로 땅의 문제를 어떻게 해결하겠습니까? 하나님은 하늘의 것으로 땅의 문제를 해결해야 한다고 말씀하십니다.

기도의 본질을 바꾸려면 기도가 어떻게 상달되는지, 상달된 기도를 하나님이 어떻게 받으시고, 어떻게 응답하시는지를 알아야 합니다. 하나님의 뜻을 알고, 그 뜻을 따라 구하십시오. 구원이라는 한 가지 초점에 맞추어 기도하십시오. 하나님의 뜻을 따라 기도하는 인생이 되기를 바랍니다.

하나님이 모든 것을 더하시는지, 안 하시는지는 두고 보면 알 수 있을 것입니다. 그때 모든 그리스도인이 하나님의 뜻을 전하는 전도자가 될 것이고, 하나님의 뜻이 나를 통해 이루어졌다는 간증을 하게 될 것입니다.

우리는 날마다 악한 영들과 씨름합니다. 우리의 씨름은 혈과 육에 관한 것이 아닙니다. "통치자들과 권세들과 이 어둠의 세상 주관자들과 하늘에 있는 악의 영들을 상대"(엡 6:12)하는 것입니다. 그래서 믿음이 필요하고, 그래서 기도가 더욱 필요합니다.

예수님이 어떻게 "너희가 나보다 큰일도 하리라"라고 말씀하실 수 있습니까? 어떻게 그런 일이 가능합니까? 기도가 가능하게 합니다. 기도에 능력이 있습니다.

세상 사람을 묶고 있는 결박을 누가 풀 수 있습니까? 사탄에게 인질로 잡힌 그들을 누가 구출해 낼 수 있겠습니까?

기도하는 사람입니다. 다니엘처럼, 느헤미야처럼, 바울처럼 기도하는 사람입니다. 금식하며 기도하는 사람, 눈물로 기도하는 사람, 부르짖어 기도하는 사람입니다.

하나님은 언제나 응답할 준비가 되어 있으십니다. 문제는 그들이 아니라 기도하지 않는 우리에게 있습니다. 금향로에 담겨 영원히 사라지지 않을 기도를 하십시오. 하나님이 염원하시는 구원에 동참하는 기도를 하십시오. 지금이 바로 기도할 때입니다.

기도하는 사람은

왜 그런 일이 일어나는지, 왜 그런 일이 일어나지 않는지 압니다.

그 비밀은 기도의 특권을 가진 사람만이 알 수 있습니다.

# 15
chapter

## 기도의 모범

# 이렇게 기도하라

주님이 가르쳐 주신 주기도문은 마태복음과 누가복음에 각각 기록되어 있습니다. 마태복음에는 산상수훈에 포함되어 있고, 누가복음에는 제자들의 요청으로 가르쳐 주셨다고 기록되어 있습니다.

당시 유대인들의 기도 생활은 이미 정평이 나 있었습니다. 하루 세 번씩 어김없이 시간을 지켜 기도했습니다. 그런데 제자들은 왜 또 기도를 배우려고 했을까요? 주님은 왜 그들에게 새로운 기도를 가르쳐 주셨을까요?

누가복음에서 그 답을 찾아봅시다.

> 예수께서 한 곳에서 기도하시고 마치시매 제자 중 하나가 여짜오되 주여 요한이 자기 제자들에게 기도를 가르친 것과 같이 우리에게도 가르쳐 주옵소서 눅 11:1

제자들은 세례 요한이 자기 제자들에게 기도를 가르쳤다는 소식을 들었습니다. 무슨 기도를 어떻게 가르쳤는지는 알 길이 없지만, 세례 요한이 회개를 요구하며 하나님 나라를 선포한 것과 관련 있었을 것입니다. 그는 당시 유대인들이 일반적으로 드리던 기도문과는 다른 기도를 가르쳤고, 그것은 분명히 하나님 나라와 회개에 합당한 기도였을 것입니다.

당시에 에세네파나 바리새파 같은 종파들은 그들이 추구하는 가치를 담은 기도를 만들어서 고을에 가르쳤습니다. 세례 요한을 따르다가 예수님께 온 제자들도 새 기도가 필요하다고 생각했습니다. 그래서 예수님께 가르침에 합당한 기도를 가르쳐 달라고 청했던 것입니다.


## 기존의 기도를
## 전복하는 기도

세상 사람은 끊임없이 복을 구하지만, 그리스도인은 이미 복 받은 자로서 하나님의 뜻을 따라 구원을 위해 기도하는 사람입니다. 숱한 종교인들이 하는 기도와는 다릅니다.

그리스도인의 기도는 어디에서 비롯됩니까? 하나님 나라의 백성이라고 하는 새로운 정체성에서 비롯됩니다. 하나님 나라와 상관없이 살아가는 사람들과는 다른 기도를 할 수밖에 없습니다.

기도는 신앙의 모습을 결정합니다. 신앙이 추구하는 것과 불가분의 관계라는 뜻입니다. 철학자 데카르트(Descartes)는 "나는 생각한다. 고로 나는 존재한다"라고 말했습니다. 사람은 생각하는 존재입니다. 생각이 곧 그 사람입니다. 따라서 생각의 대상과 그 사람은 불가분의 관계입니다.

기도는 생각 이상입니다. 기도는 단순히 자기 생각을 말하는 것이 아닙니다. 주님이 가르치시는 기도는 하나님으로부터 비롯된 것입니다. 기도의 출발점이 하나님이시라는 것이 특징입니다.

기도하기에 신앙인이고, 신앙인이기에 기도합니다. 생각과 삶이 분리될 수 없듯이 신앙과 기도 또한 분리될 수 없습니다. 무엇을 놓고 기도하는가가 신앙을 결정합니다. 어떤 기도를 드리느냐가 신앙의 본질을 드러내 주기 때문입니다.

우리는 목마른 사슴이 시냇물을 갈급하듯이 복을 찾아 헤매는 세상에 살고 있지만, 이미 하나님으로 채워진 사람들입니다. 세상 사람들이 추구하는 것에는 목마를 일이 없는 사람들입니다. 하나님 나라의 백성들이 드리는 기도가 다른 이유가 이것입니다.

만약에 세상 사람들이 구하는 것과 같은 것을 구한다면, 중심에 하나님이 계시지 않다는 증거입니다. 하나님이 계시지 않기에 여전히 목마른 것입니다. 하나님이 계시지 않으므로 부족한 걸 느끼고 결핍감에 시달리는 것입니다. 믿는다고 하면서도 축복에만 매달린다면 다른 종교인들과 다를 바가 무엇입니까?

갓난아이는 엄마 젖을 배불리 먹고 나면 더 이상 요구할 게 없습니다. 그저 평온한 얼굴로 잠이 듭니다. 필요한 모든 것을 엄마가 채워 준다는 것을 알기에 아기는 엄마만으로 족합니다.

아이가 엄마만으로는 부족하다는 것을 깨닫기 시작하는 것은 자의식이 생겨나면서부터입니다. 급기야 성인이 되었다고 주장하지만, 실은 내면에 숨긴 결핍감이 날로 커질 뿐입니다. 인간의 욕망은 계속 커져 가는데, 그것을 충족시킬 수단은 제한적입니다.

왜 예수님이 "회개하라, 거듭나라"고 말씀하십니까? 왜 예수님은 "하나님의 나라를 어린아이와 같이 받아들이지 않는 자는 결단코 거기 들어가지 못하리라"(눅 18:17)고 말씀하십니까? 하나님으로 채워짐을 경험하지 못한 채, 여전히 목말라 하는 사람은 구원의 본질에 이를 수 없기 때문입니다.

예수님은 우리를 하나님 나라에 맞아들이기 위해 오셨습니다. 그래서 하나님 나라 백성의 정체성에 관한 말씀으로 산상수훈을 시작하십니다. 예수님은 무엇보다 세상 백성과 하나님 나라 백성은 복에 관한 관점에서 달라야 한다고 말씀하십니다. 하나님께 이미 복 받은 자임을 아는 데서부터 그리스도인의 삶이 시작됩니다. 그러므로 대표적인 종교적 행위로 꼽히는 구제나 금식이나 기도가 하나님 나라의 복을 위해서는 별 쓸모가 없다고 말씀해 주십니다.

종교적 열심을 복의 통로로 믿어 온 사람들에게는 청천벽력과도 같은 말씀입니다. 자기 목마름을 채우기 위해서 열심히 금식하고 구제하며 선행을 했는데, 그것들이 하나님 나라에 합당하지 않다니 얼마나 큰 충격을 받았겠으며 동시에 분노했겠습니까?

예수님은 산상수훈과 주기도문을 통해 하나님은 우리가 착실히

쌓은 마일리지를 무위로 돌리시는 분임을 분명히 하십니다.

몇 년에 걸쳐서 항공사 마일리지를 백만 마일이나 쌓았는데, 이제 그것으로는 좌석 업그레이드도 안 된다는 통보를 받은 것이나 다름없습니다. 얼마나 실망스럽겠습니까? 얼마나 화가 나겠습니까? 어떤 이는 항공사 앞에서 항의 시위도 불사할 것입니다.

이처럼 자기 뜻을 따라 자신이 원하는 것들을 구하기 위해서 기도해 온 많은 종교인이 예수님의 말씀을 듣고 반감을 품었을 것입니다. 하나님 나라의 백성이라면 그에 합당한 기도를 드려야 한다는 말씀에 부딪힐 수밖에 없는데, 그들이 원한 것은 하나님 나라가 아니었기 때문입니다.

주님이 가르쳐 주신 기도는 기존의 기도를 뿌리째 갈아엎는 기도입니다.


## 하나님의 하나님 됨과
## 백성의 백성 됨

예수님은 하나님을 부르는 호칭부터 바꾸라고 말씀하십니다.

> 그러므로 너희는 이렇게 기도하라 하늘에 계신 우리 아버지여 이름이 거룩히 여김을 받으시오며 <sub>마 6:9</sub>

하나님을 "우리 아버지"로 부르라고 하십니다. 기도는 아버지의 이름이 거룩히 여김을 받으시도록 하는 삶의 태도입니다. 기도는 아버지의 이름에 합당하게 살기를 결단하는 태도입니다.

하나님의 계명은 하나님의 이름을 "망령되이 일컫지 말라"(신 5:11)라고 가르칩니다. 계명대로 살겠다는 다짐에서 기도가 시작됩니다. 하나님의 얼굴에 먹칠하지 않고 살기 위해서 기도하는 것입니다.

예수님은 '아버지'를 부르는 데서부터 기도를 시작하라고 가르치십니다. 하나님 아버지의 이름에 합당하게 살기를 갈망하는 것은 서원이나 다름없습니다. 이것은 '나는 하나님의 이름을 망령되이 일컫지 않고, 그 이름에 걸맞은 삶을 살겠다'는 결단이기도 합니다.

하나님을 아버지로 부른다면 어떻게 살아야 하겠습니까? 하늘 아버지의 이름에 걸맞게 살아야 합니다. 하늘 아버지의 꿈은 구원입니다. 하나님은 백성을 세상에서 건져 내시는 분입니다. 구원은 우리를 차원이 다른 삶으로 인도합니다.

하나님의 법은 도덕이나 윤리 이상입니다. 하나님 나라에서는 누가 5리를 가자고 하면 10리를 가 주는 것이 상식이요 도덕입니다. 그런데 그 이상으로 사는 것이 신앙입니다. 그 이상으로 살아야 하나님을 아버지로 부르는 삶입니다. 그 이상으로 사는 것이 하나님 아버지의 이름이 거룩히 여김을 받도록 사는 삶입니다.

하나님의 이름을 온종일 중얼거린다고 해서 그 이름이 거룩히 여김을 받는 것이 아닙니다. 하나님의 이야기를 쉴 새 없이 한다고 해서 하나님의 이름이 거룩히 여김을 받으시는 것이 아닙니다.

여기에 신앙의 긴장이 있습니다. 내 힘으로는 도저히 아버지의 이름이 거룩히 여김을 받도록 살 수 없기에 날마다 순간마다 기도의 자리에 앉아야 합니다.

> 나라가 임하시오며 뜻이 하늘에서 이루어진 것 같이 땅에서도 이루어지이다 마 6:10

예수님은 하나님 나라에 관해서 "여기 있다 저기 있다고도 못하리니 하나님의 나라는 너희 안에 있느니라"(눅 17:21)라고 말씀하셨습니다. 하나님의 이름에 먹칠하지 않고, 하나님의 이름에 합당한 삶을 살기 시작하면, 우리 가운데 하나님 나라가 이미 이루어지고 있는 것입니다.

하나님의 뜻이 무엇입니까? 하나님의 뜻은 곧 하나님의 성품입니다. 사랑과 공의의 하나님을 따라 사는 사람은 서로 사랑할 수밖에 없습니다. 공동체적인 사랑의 모습이 바로 공의입니다. 서로 사랑하는데 상대방을 속이겠습니까? 서로 사랑하는데 험담하겠습니까? 공의와 사랑은 불가분의 관계입니다. 주님은 하나님 사랑과 이웃 사랑, 이 두 가지로 계명이 완성된다고 말씀하십니다.

자기 자신을 추구하는 세상입니다. 겉으로야 어떻게 보이든지 간에 우리는 모두 자신을 추구하며 살고 있습니다. 속일 수가 없습니다. 어떻게 압니까? 옆구리를 찔러 보면 압니다. 발을 한번 밟

아 보면 압니다. 손해를 끼쳐 보면 압니다.

그래서 자기 본성을 거슬러 기도해야 합니다. 본능적으로 드리는 기도는 어떻습니까?

"내 이름이 유명해지게 하옵소서. 내 나라가 임하게 하옵소서. 내 뜻이 이루어지게 하옵소서."

평생 이런 기도 제목을 붙들고 기도하지 않겠습니까?

심지어 주문도 오래 외우면 능력이 된다는데, 주기도문을 많이 외우고도 삶에 능력이 나타나지 않는다면, 주님이 가르쳐 주신 기도를 주문만도 못하게 만드는 셈입니다. 밤낮없이 기도문을 외우면서도 여전히 하나님 나라가 아닌 자기 나라를 고집하고 있다면 도대체 그 기도가 능력이 있겠습니까?

기도한 대로만 살아도 아무 문제가 없습니다. 성경 공부를 아무리 해도 기도한 대로 살아 내지 못한다면 무슨 소용 있습니까? 그런 기형적인 그리스도인이 얼마나 많습니까?

주님이 가르쳐 주신 짧은 기도를 지난 2,000년간 수많은 사람이 되뇌어 왔습니다. 그런데도 기도가 그리스도인을 바꾸지 못하고, 교회가 교회 됨을 제대로 드러내지 못한다면 주님은 여전히 우리와 상관없는 분이 되고 마는 것입니다.

아버지의 이름이 거룩히 여김을 받도록 살면 하나님 나라가 임합니다. 내 안에서 귀신이 쫓겨나가면 내 안에 있던 귀신 나라가 무너지고, 하나님 나라가 임합니다. 사회에 부정과 비리가 그치면 하나님 나라가 임한 것입니다. 거짓과 폭력이 사라지면 하나님 나라가 임한 것입니다. 하나님 나라가 임하면 하나님의 뜻이 이 땅에서 이루어지게 됩니다.

하나님의 이름과 하나님의 나라와 하나님의 뜻은 별개로 존재하지 않습니다. 하나님을 추구하는 삶은 필연적으로 세 가지를 모두 포함합니다. 하나님을 추구하면서 하나님의 이름과 동떨어진 것을 구할 수 없고, 하나님을 찾으면서 하나님 나라가 아닌 자기 나라를 세우고자 할 수 없으며, 하나님의 뜻을 구하면서 자기 뜻을 관철하기 위해 고집할 수는 없기 때문입니다.

하나님 나라를 구하는 사람들이 함께하는 공동체는 어떤 모습입니까? 관계 혁명을 경험하는 공동체입니다. 그것이 교회입니다. 교회는 이기적인 인간의 속성이 허물어지고, 하나님의 사랑과 공의가 충만한 관계 혁명을 이루어 내는 곳입니다.

두세 사람이 모여 자기 이름과 자기 나라와 자기 뜻을 구하지 않고, 하나님의 이름과 하나님의 나라와 하나님의 뜻을 구한다면 이 세상에서 경험해 보지 못한 관계를 경험하게 될 것입니다. 그들 가운데 하나님 나라가 임하기 때문입니다.

이것이 기도하는 목적입니다. 이것이 주님이 새로운 기도를 가르쳐 주신 이유입니다. 따라서 주님이 가르쳐 주신 기도는 하나님 나라를 이루기 위한 하나님 나라 백성의 선서와도 같습니다.

## 나 아닌
## 우리를 위한 기도

하나님의 이름과 하나님의 나라와 하나님의 뜻을 구하는 그리스도인이 자신을 위해서는 무엇을 구해야 할까요? 하나님을 위해 구한 뒤에 자신을 위해서는 무엇을 구해야 합니까?

예수님은 우리 자신을 위해 세 가지 청원을 올리라고 가르쳐 주십니다. '나 자신'이 아니라 '우리 자신'을 위한 것입니다. 주님이 가르쳐 주신 기도에는 '나'라는 말이 없습니다. 기도의 본질은 '나'를 벗어나 '하나님'께로 가는 것이고, '나'를 거슬러 '우리'가 되는 것이기 때문입니다.

오늘 우리에게 일용할 양식을 주시옵고 <sup>마 6:11</sup>

"일용할 양식"이 무엇입니까? 단순히 먹고사는 육신의 양식만을 말합니까? 그렇다면 예수님이 썩어 없어질 양식을 위해 일하지 말라고 하신 말씀과는 모순되지 않습니까?(요 6:27) 주님은 40일 금식을 하고서도 "사람이 떡으로만 살 것이 아니라"(눅 4:4)는 말씀으로 사탄을 물리치신 분이 아닙니까? 그런 분이 우리가 먹고사는 것이 중요하니 그것부터 구하라고 하시겠습니까? 그렇다면 예수님이 구하라고 하신 일용할 양식은 무엇입니까?

물론 우리 모두는 육신의 양식을 구해야만 합니다. 그리고 육의 양식을 구하는 것이 문제될 것은 없습니다. 더구나 주용할 양식, 월용할 양식, 연용할 양식, 일생용할 양식을 탐욕스럽게 구하지 않고 오직 일용할 양식을 구하는 것이야말로 하나님의 자녀다운 태도입니다.

그러나 이와 함께 예수님은 우리가 알지 못하는 양식을 말씀하셨습니다(요 4:32). 눈에 보이지 않는 양식을 말씀하셨습니다. 그것이 무엇입니까? 하나님의 뜻을 온전히 이루기 위한 영의 양식 곧 생명의 말씀입니다. 사도 요한은 단순한 빵이 아니라 영의 양식이라는 뜻을 강조하기 위해 일반적으로 빵을 가리키던 '알토스' 대신에 영생의 음식을 나타내는 '브로시스'라는 단어를 씁니다. 브로시스는 알토스에 비해 포괄적인 뜻을 지녔습니다. 빵만이 아니라 우리가 먹고 마시는 음식 전체를 가리킵니다. 또한 비유적으로 영의 양식을 뜻합니다.

하나님 나라의 백성은 하나님이 주시는 양식을 먹어야 삽니다. 즉 날마다 말씀을 구하고 먹어야 한다는 뜻입니다. 출애굽한 이스라엘 백성은 하늘 양식인 만나를 날마다 아침 일찍 거두어 먹는 훈련을 받았습니다. 우리도 날마다 하늘 양식을 먹어야 삽니다. 말씀을 읽는 것으로 부족합니다. 생각하는 것으로도 부족합니다. 말씀을 먹어야 합니다. 말씀이 내 안에 거해야 합니다. 말씀이 내 안에서 살아 움직여야 합니다.


　　　우리가 우리에게 죄지은 자를 사하여 준 것 같이 우리 죄를 사이 기도의 조건절은 우리가 죄인을 용서했으니 우리 죄도 용서해 달라는 것이 아닙니다. 셈족 언어를 연구하는 학자들에 따르면, 아람어 기본 시제 중에 동시성의 완료형 시제가 있습니다. 여기서 이 시제가 쓰였습니다.

예수님은 일만 달란트 빚을 탕감받은 자가 자기에게 백 데나리온의 빚을 안 갚았다는 이유로 동료를 옥에 가둔 사람을 비유로 말씀하신 적이 있습니다(마 18장). 엄청난 빚을 탕감받았으면, 우리가 받아야 할 빚도 동시에 탕감해 주는 것이 마땅하다는 뜻에서 하신 말씀입니다.

그러므로 이 기도는 "우리를 용서해 주십시오. 동시에 우리도 그들을 용서하겠습니다"라는 뜻입니다. 예수님은 동시성을 강조하셨습니다.

이것이 용서의 진정한 의미입니다. 일만 달란트를 용서 받았는데, 백 데나리온을 용서하지 못한다면 그것은 용서받은 게 아닙니다. 누군가를 떠올리면 괘씸한 생각이 들고, 정말 한 대 때려 주고 싶기까지 하지만, 하나님이 우리를 어떻게 용서하셨는지를 알기에 용서할 수 있어야 합니다.

헬라어에서 대개 죄는 '하마르티아'를 쓰는데, 주기도문에서는 '오페이레마'가 쓰였습니다. 오페이레마의 원래 뜻은 "빚"입니다.

이스라엘 백성은 죄를 하나님께 진 빚으로 생각한 것입니다. 하나님께 빚진 것이 죄입니다. 그러므로 우리는 모두 하나님께 빚진 자들입니다. 자신이 용서받은 것을 분명히 깨달으면, 누군가를 용서하지 않을 수 없다는 뜻입니다. 우리가 받은 용서가 어떤 용서인지를 아는 것이 은혜 아닙니까? 은혜를 받았다는 것은 자신이 얼마나 큰 죄인이었던가를 깨닫는 것입니다. 자신이 죄인이었다는 생각이 없으면, 은혜도 없습니다.

주님이 "나는 의인을 부르러 온 것이 아니요 죄인을 부르러 왔노라"(마 9:13)라고 말씀하지 않으셨습니까? 주님은 고리대금업자를 부르러 오신 것이 아니라 빚진 자를 부르러 오셨습니다. 빚을 탕감받은 것을 기억한다면, 죄 용서받음으로써 자유가 회복되었다면, 누군가에게 묶이지 않을 놀라운 능력을 갖게 된 것입니다. 용서하지 못하면, 그만큼 나도 묶여 살게 됩니다. 자유로운 인생은 죄 용서에 달려 있습니다.

> 내가 천국 열쇠를 네게 주리니 네가 땅에서 무엇이든지 매면 하늘에서도 매일 것이요 네가 땅에서 무엇이든지 풀면 하늘에서도 풀리리라 하시고 마 16:19

여기서도 동시성의 완료형 시제가 쓰였습니다. 예수님이 우리에게 주신 천국 열쇠의 능력을 설명해 주십니다. 우리가 땅에서 매면 하늘에서도 동시에 매일 것입니다. 우리가 땅에서 풀면 동시에 하늘에서도 풀릴 것입니다. 내가 누군가에게 빚을 받겠다고 하면 동시에 하나님도 내게 빚을 요구하실 것입니다. 내가 누군가의 빚을 탕감해 주면 동시에 하나님도 내 빚을 탕감해 주실 것입니다. 하나님 나라에는 빚을 받으러 다니는 사람이 없고, 빚 받아 주는 사람도 없습니다. 왜 신앙 안에서 자유롭지 못합니까? 묶여 있기 때문입니다. 우리가 풀지 못하면 하늘에서도 풀리지 않습니다.

내가 갚지 않은 빚은 잘 기억하지 못하면서도 받을 빚은 잊지 못하는 법입니다. 하지만 알고 보면 내가 받아야 할 것은 손톱 만큼일뿐이고, 갚아야 할 것은 태산과 같습니다. 그런데 태산 같은 빚을 탕감받은 것입니다. 그 사실을 아는 것이 은혜입니다.

은혜는 따지지 않습니다. 고집하지 않습니다. 달라고 하면 주고, 안 주면 잊어버립니다. 은혜를 입었기에 5리를 가자고 하는데 10리를 가고, 겉옷을 달라는데 속옷까지 내줍니다.

날마다 기도하면서도 삶에 너그러움이 없다면 기도한 것이 맞습니까? 기도를 제대로 하는 사람이라면 자신 안에 있던 비난과 원망이 사라지는 것을 경험할 것입니다.

원망을 품고서는 하나님의 선하심을 구할 수 없습니다. 하나님께 구하기 전에 자기 안에 있는 것들을 말끔히 씻어 내야 할 것입니다. 그것이 성화입니다.

성화란 곧 이웃 사랑입니다. 누구를 사랑하려고 애쓸 필요도 없습니다. 자신을 깨끗하게 하는 것보다 이웃을 더 사랑하는 길이 없습니다. 하나님의 선하심을 담을 수 있는 그릇이 되는 것이야말로 이웃을 사랑하는 오직 한 길입니다.

## 우리가 일생 구해야 할 것, 하나님 나라

사탄은 끝없이 우리를 유혹합니다. 유혹에 빠지지 않는 것이 곧 악한 자, 사탄의 손에서 벗어나는 길입니다.

> 우리를 시험에 들게 하지 마시옵고 다만 악에서 구하시옵소서
> 나라와 권세와 영광이 아버지께 영원히 있사옵나이다 아멘
> 마 6:13

"시험에 들게 하지 말아 달라"는 기도는 유혹에 빠지지 않게 도와 달라는 청원입니다. 여기서 "시험"은 정확하게 번역하면, '유혹'입니다.

주님이 가르쳐 주신 기도의 목적은 구원, 즉 하나님 나라의 다스림을 구하는 것입니다. 사탄의 유혹과 통치에서 벗어나는 것입니다. 우리가 날마다 기도의 자리에 앉는 이유는 하나님의 통치를 갈망하기 때문입니다. 기도의 자리에서 하나님의 다스리심에 자신을 내어 드리는 결단을 합니다. 그리고 사탄이 지배하는 세상에 하나님의 통치가 임하는 소망을 품습니다.

"다만 악에서 구하시옵소서"는 악한 사탄의 손에 던져지지 않게 구해 달라는 기도입니다. 어떻게 보면, "유혹에 빠지지 않게 해 달라"와 "악에 빠지지 않게 해 달라"는 동어반복(同語反復)입니다. 그

만큼 사탄의 통치에 들어가지 않게 해 달라는 뜻입니다.

주기도문의 "하나님의 나라가 임하게 해 달라. 하나님의 이름이 거룩히 여김을 받게 해 달라. 하나님의 뜻이 이루어지게 해 달라"는 기도는 궁극적으로 하나님의 다스림을 요청하는 기도입니다. 하나님의 통치가 삶 가운데 이루어지기를 소망하는 것입니다.

주기도문의 뒷부분은 무슨 내용입니까? 하나님의 통치를 구하며 악한 사탄의 통치로부터 벗어나게 해 달라는 청원입니다. 악한 통치에 빠지면, 일용할 양식이 없이 살아가고, 용서하지 못한 채 살아가고, 날마다 유혹과 시험에 빠지며 살게 됩니다. 이것이 사탄의 지배를 받는 삶입니다.

이처럼 주기도문은 모두 청원으로 이루어진 기도입니다. 여기에 개인적인 욕망은 없습니다.

아버지의 뜻을 따라 구한다면 나머지는 아버지께서 알아서 해 주실 것입니다. 그러므로 기도의 자리에 앉을 때마다 자신이 하나님의 통치 아래 있는지를 점검해야 합니다. 여전히 자기 자신을 위해 구하고 있지는 않은지 돌아봐야 합니다.

하나님의 통치에서 벗어나면 그 순간 사탄의 지배로 들어가 버립니다. 유혹에 빠지고, 시험에 들어서 악에 빠지고 맙니다. 그러니 날마다 기도할 수밖에 없습니다.

언젠가 교회가 세상 속으로 완전히 흩어져 들어가는 날이 오기를 바랍니다. 주님으로 충만하기에 더 이상 갈망이 없는 진정한 중보 기도자가 되는 날이 임하기를 바랍니다. 기도 덕분에 성품이 변하고, 고집이 꺾이고, 못된 성격이 고쳐지기를 바랍니다.

영적인 갈망으로 주기도문을 드릴 때, 하나님 나라에서만 경험할 수 있는 놀라운 풍요와 자유함과 기쁨을 누릴 수 있을 것입니다. 땅에 묻힌 보화를 찾듯이 기도의 소중함을 찾을 때, 하나님 나라가 임합니다.

주님은 우리가 일생 구해야 할 것이 무엇인지 가르쳐 주셨습니다. 바로 하나님 나라입니다. 주님이 가르쳐 주신 목적에 합당하게 기도한다면 우리 안에 하나님 나라가 임할 것이고, 우리가 거하는 곳에 하나님의 통치가 반드시 이뤄질 것입니다. 우리는 그것을 위해 기도해야 합니다. 그때 우리의 기도는 인생을 바꾸고 나라와 민족을 바꾸고 열방을 바꿀 것입니다. 기도야말로 물이 바다를 덮음같이 구원이 온 세상을 덮는 단 하나의 길입니다.